AF577457

Ein Spaziergang
durch die Jahreszeiten

DIE STRUKTUR DER NATUR

Aquarell

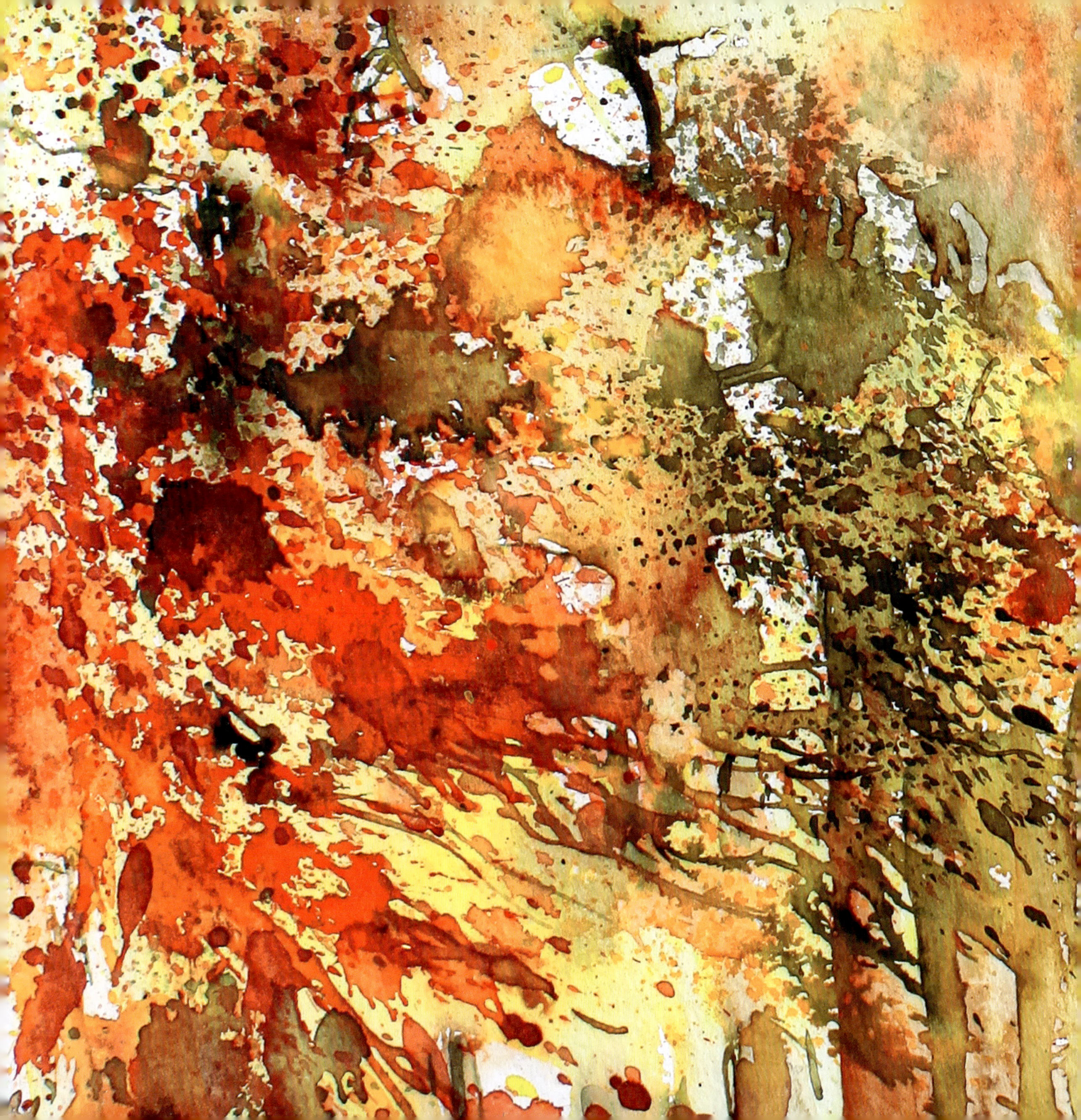

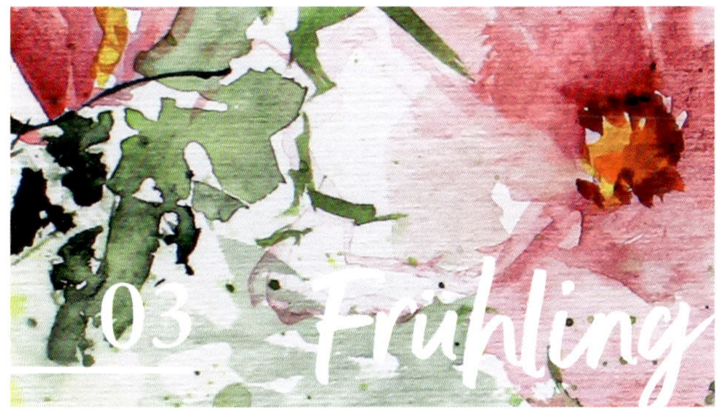
03
Frühling

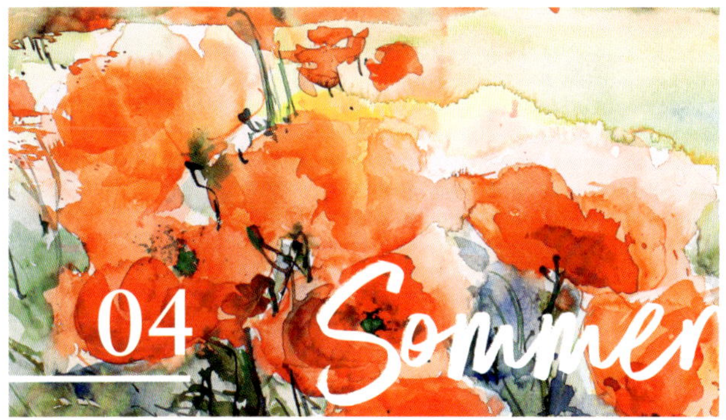
04
Sommer

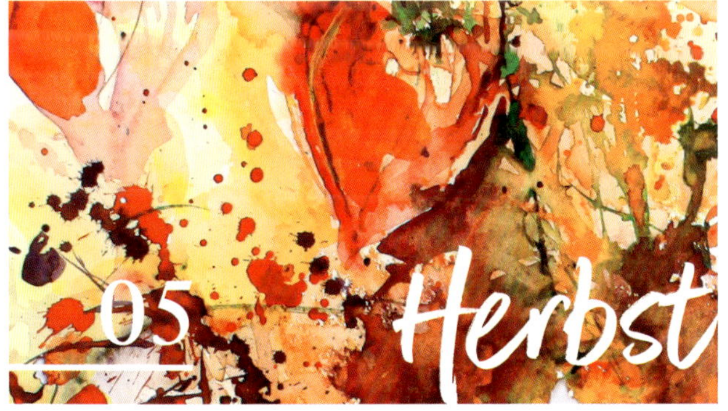
05
Herbst

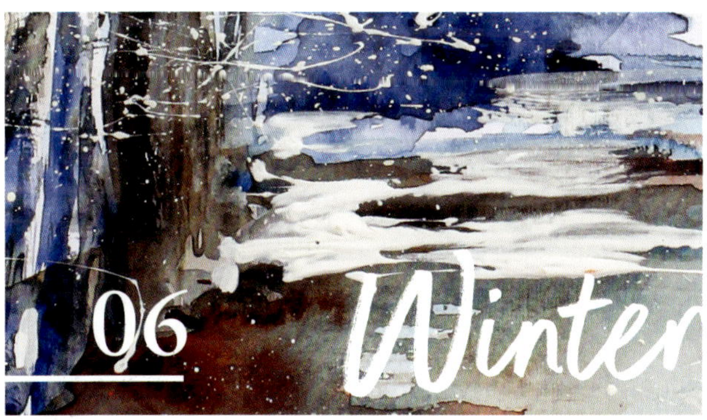
06
Winter

Einstimmende Gedanken

Die Beschäftigung mit der Natur, die Einbeziehung derselben in mein eigenes Schaffen, bildet für mich die Grundlage meiner Malerei. Im wahrsten Sinne „mit offenen Augen“ durch das Leben gehen, Wahrgenommenes einprägen, festhalten und archivieren – in welcher Form auch immer – sind die Quellen meiner Arbeiten.

Und dabei ist bedeutungslos, ob es sich beim Wahrgenommenen um Momente handelt, an denen die Sonne vom Himmel strahlte, oder man unter einem geschützten Dachvorsprung gestanden ist, während ein Gewitter mit Blitz, Donner und Starkregen niederging, ob man sich in einer kalten Berghütte befunden oder im warmen Zimmer mit Kachelofen den Nachmittagstee genüsslich geschlürft hat.

Die Aquarellmalerei war es, die mich vor mehr als 26 Jahren in ihren Bann gezogen hat. Mit der Anwendung von Wasser und Farben ist es mir möglich, die Vielfalt und Schönheit der Natur auf ein Blatt Papier zu malen und dieses Blatt somit lebendig werden zu lassen. Mit dem Blick auf meine Bilder will ich dem Betrachter – frei zitiert nach den Worten einer meiner Töchter – die Fröhlichkeit in sein Herz bringen.

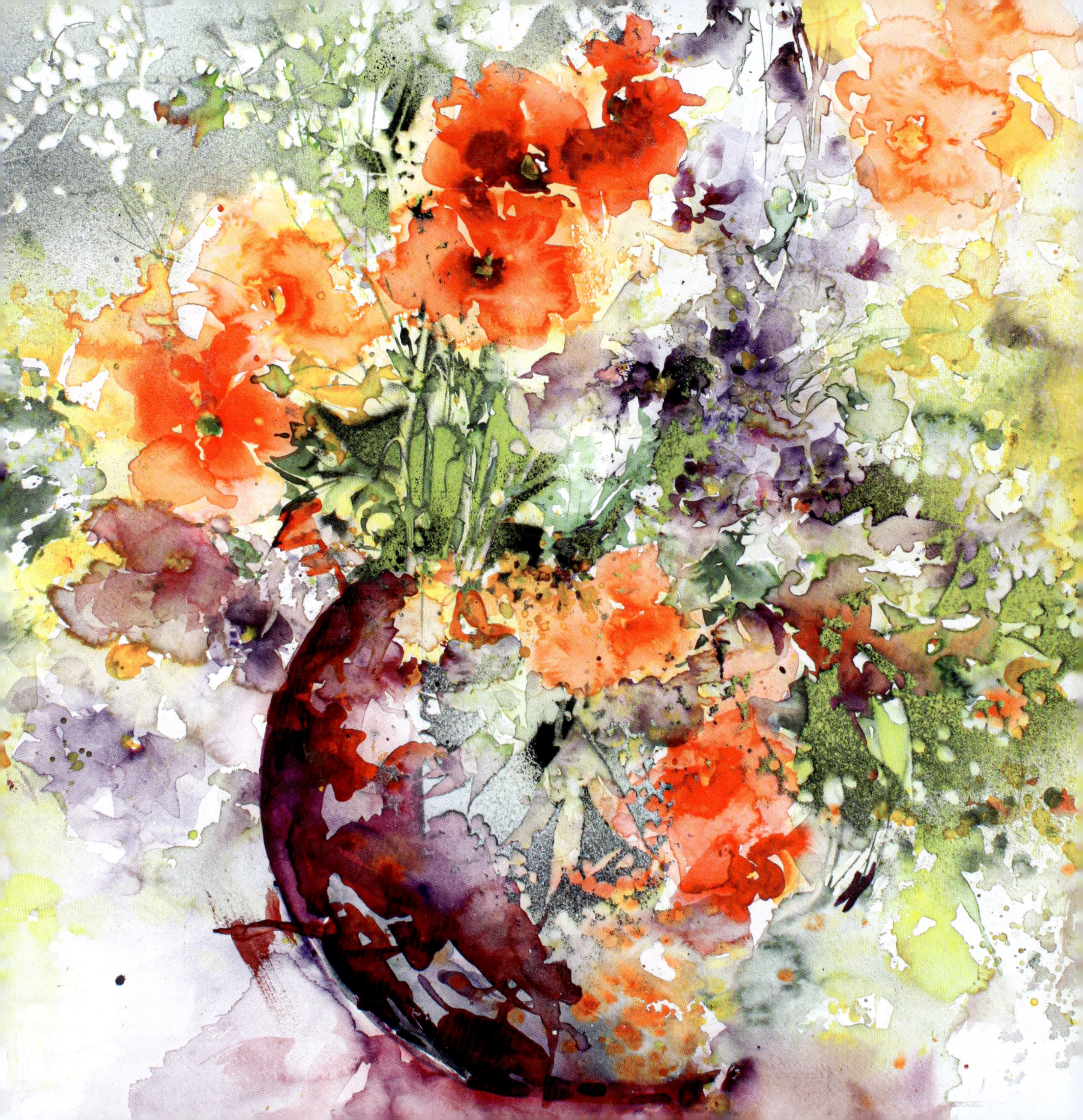

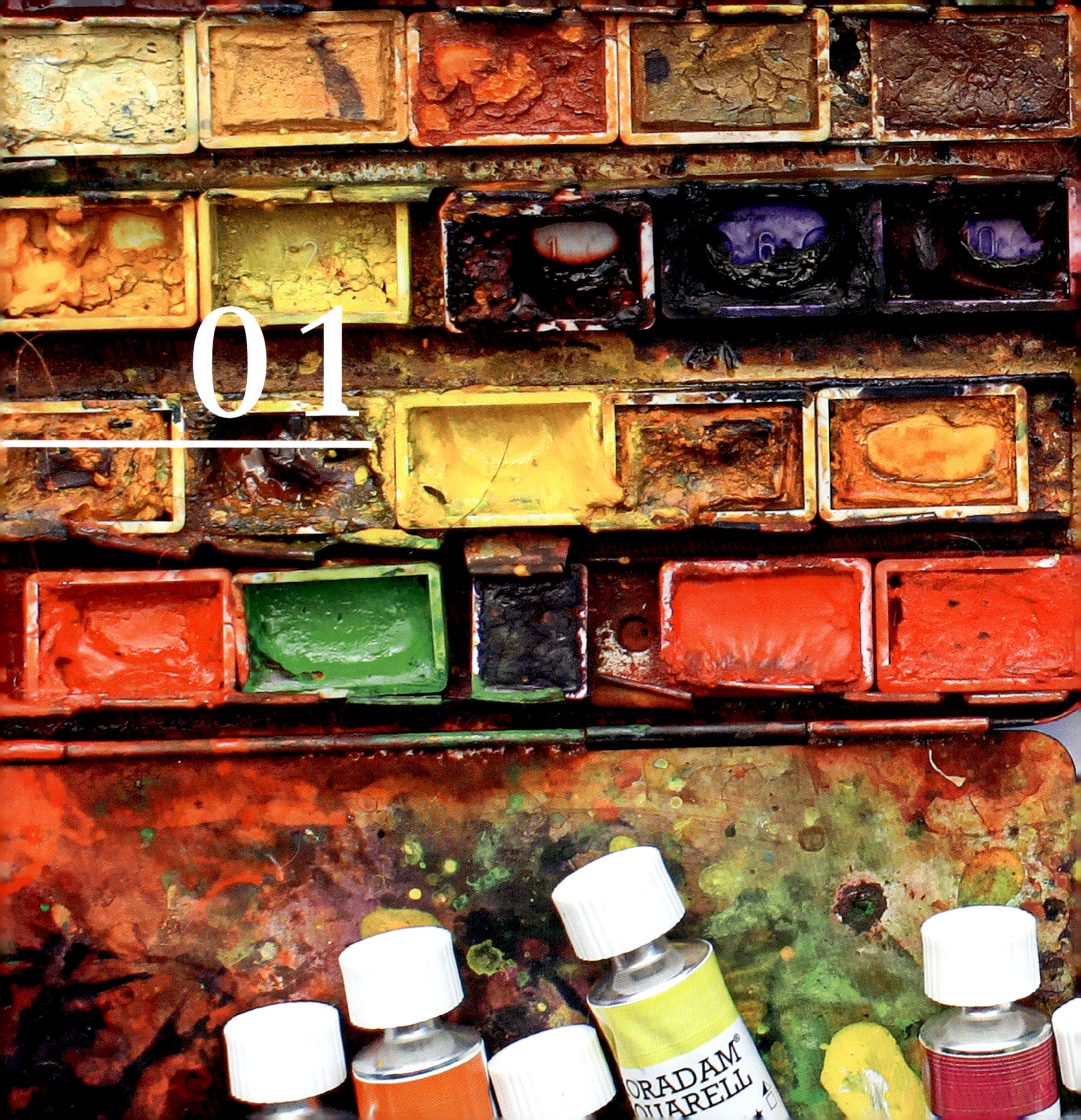
01
ORADAM®

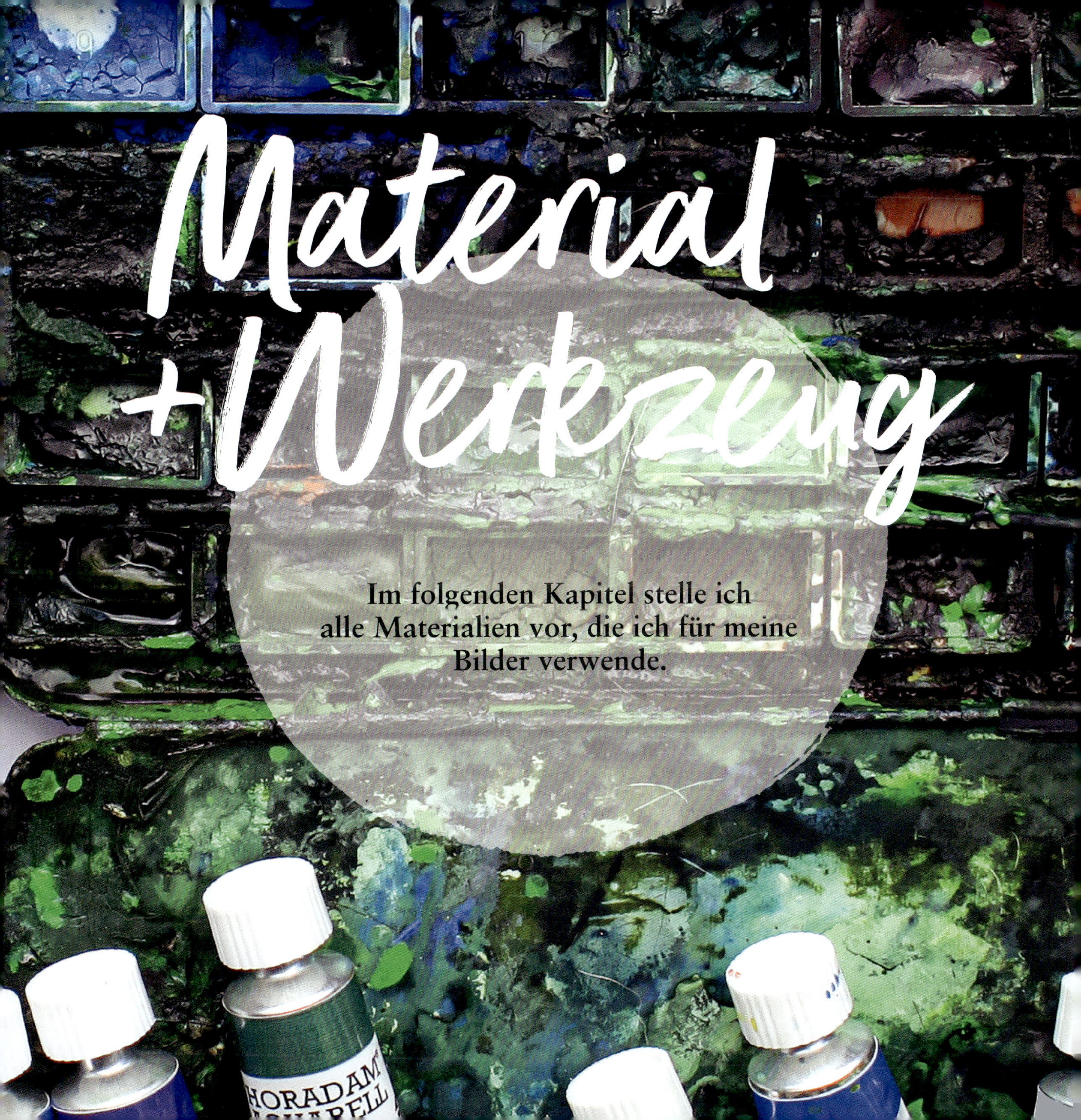

Material + Werkzeug

Im folgenden Kapitel stelle ich alle Materialien vor, die ich für meine Bilder verwende.

MALGRUND

- **Aquarellpapier von Fabriano**
- **Oberfläche satiniert oder Feinkorn**
- **300 g oder 600 g**

Dieses Papier eignet sich für alle Aquarelltechniken, es bleibt auch nach dem Anfeuchten formstabil. Sie erzielen bei der Nass-in-Nass-Technik intensive gleichmäßige Farbverläufe. Die Farben heben sich auch bei der Trockentechnik strahlend ab.

MALWERKZEUG

Mein Malwerkzeug besteht aus

- **einem großen Rundpinsel Nr. 20**
- **einem Schrägpinsel**
- **einem Linierer**
- **einem groben Borstenpinsel**

Den Schrägpinsel verwende ich zum Formen aller Blüten und Blätter.

Den Rundpinsel verwende ich für größere Flächen, z. B. Himmel und Landschaften. Auch zum Spritzen, z. B. für den Hintergrund von Blumenbildern ist er ideal, da er viel Wasser und Farbe aufnehmen kann.

Der Linierer eignet sich für feine Linien wie Gräser, Stängel und Ästchen.

Den groben Borstenpinsel nehme ich zum Spritzen der Blätter von Bäumen. Die Farbtröpfchen, die mit diesem Pinsel entstehen, sind sehr fein. Sprüht man vorsichtig Wasser über die Farbflächen bleiben stellenweise Tröpfchen stehen, die das Blätterdach teilweise durchsichtig erscheinen lassen.

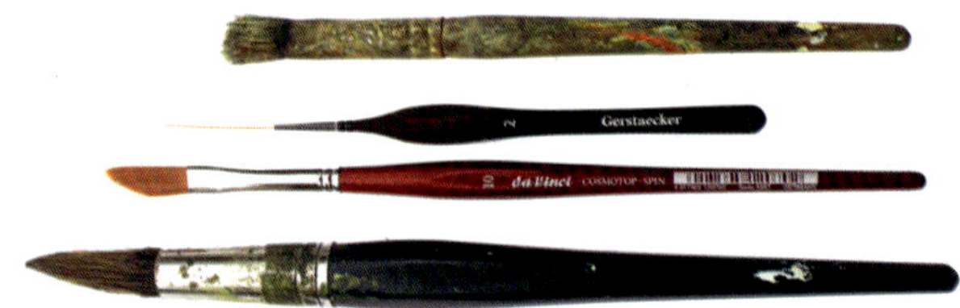

HILFSMITTEL

- **Maskierflüssigkeit (Rubbelkrepp)**

Maskierflüssigkeit nutze ich zum Abdecken von Stellen, die weiß bleiben sollen, oder anderen nicht zu bearbeitenden Bildstellen. Die Flüssigkeit ist wasserfest. Es gibt bereits eingefärbte Mittel, die auf dem Aquarellpapier gut sichtbar sind. Man kann auch weiße Maskierflüssigkeit mit einem Tropfen Aquarellfarbe selbst einfärben. Dieses Mittel sollte immer gut getrocknet sein, bevor man es wieder abrubbelt, jedoch nicht zu lange auf dem Papier bleiben.

- **Abdeckband**
- **Papierkreppband in verschiedenen Breiten**

Das Abdeckband verwende ich gerne als Hilfsmittel beim Malen von Birken. Es ermöglicht mir ein schnelleres und übersichtlicheres Arbeiten. Das Papierkreppband sollte jedoch nur kurz kleben bleiben, da sonst beim Herunterziehen das Aquarellpapier beschädigt werden könnte.

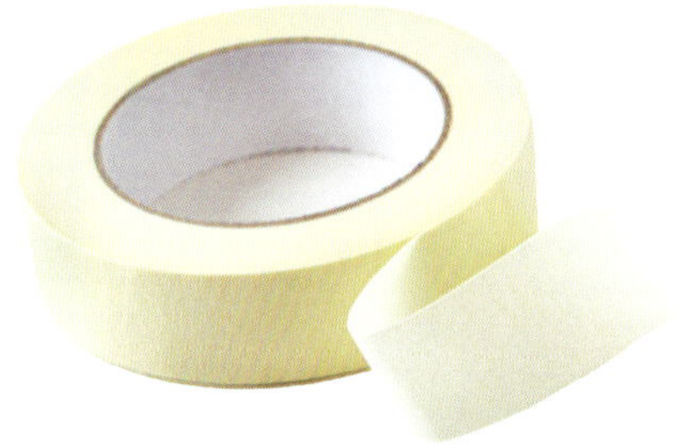

FARBEN

- **Aquarellfarben der Firma Schmincke**
- **große Näpfe oder wahlweise große Tuben**

Die großen Näpfe haben den Vorteil, dass man aus ihnen mit größeren Pinseln die Farbe gut herausholen kann. Sind sie fast leer, fülle ich sie gerne aus großen Farbtuben nach, bis auch die letzten Farbreste verbraucht sind, erst dann tausche ich sie wieder gegen neue große Näpfe aus.

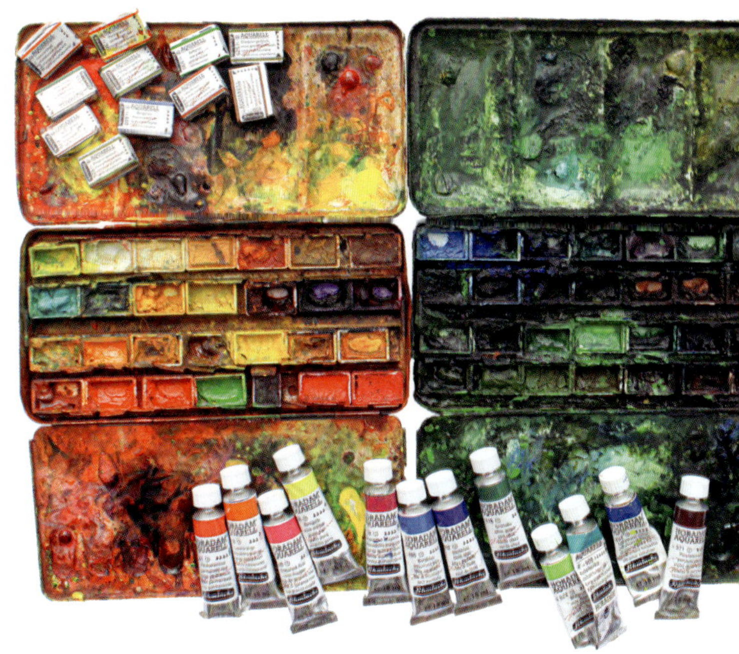

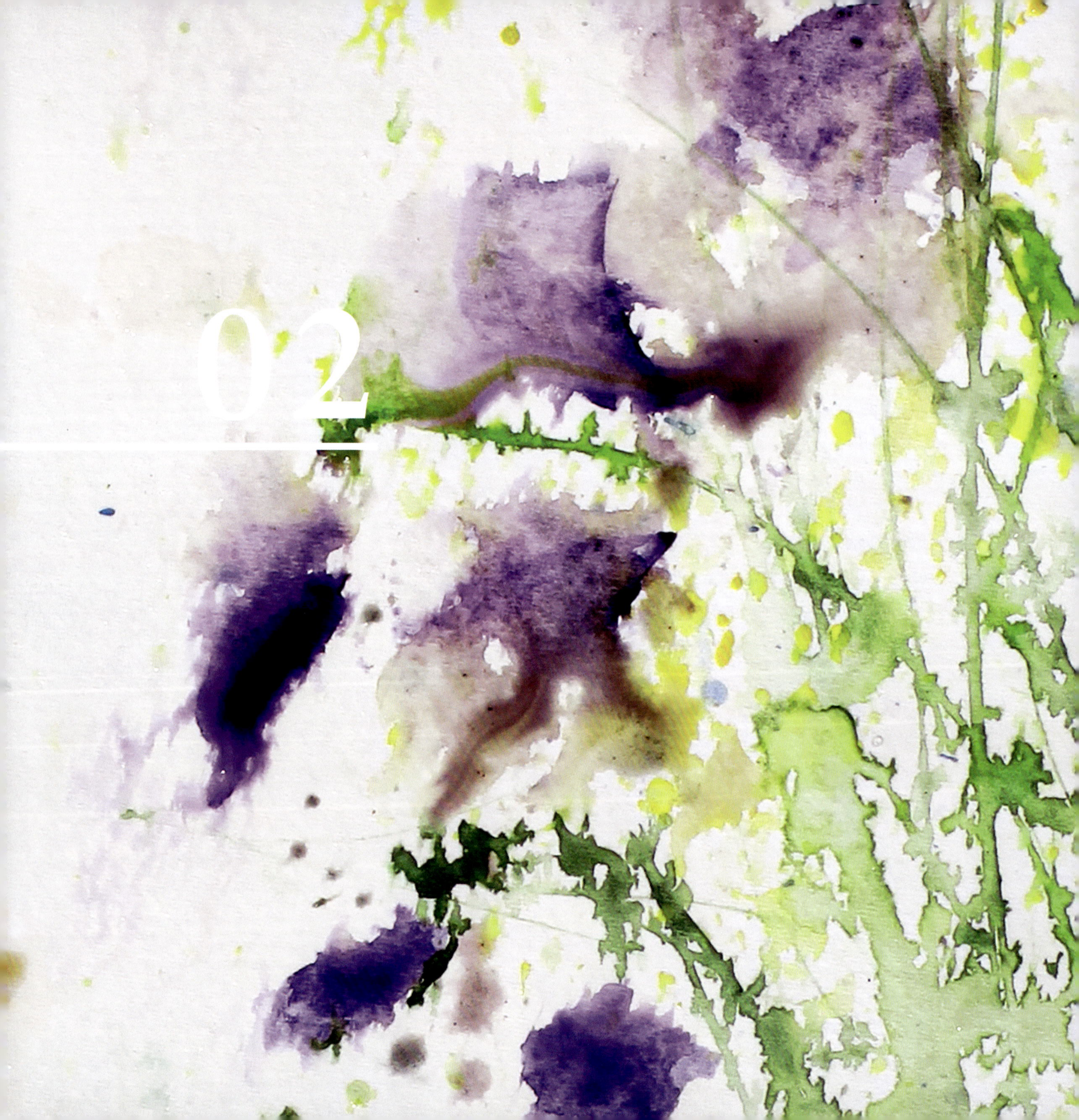
02

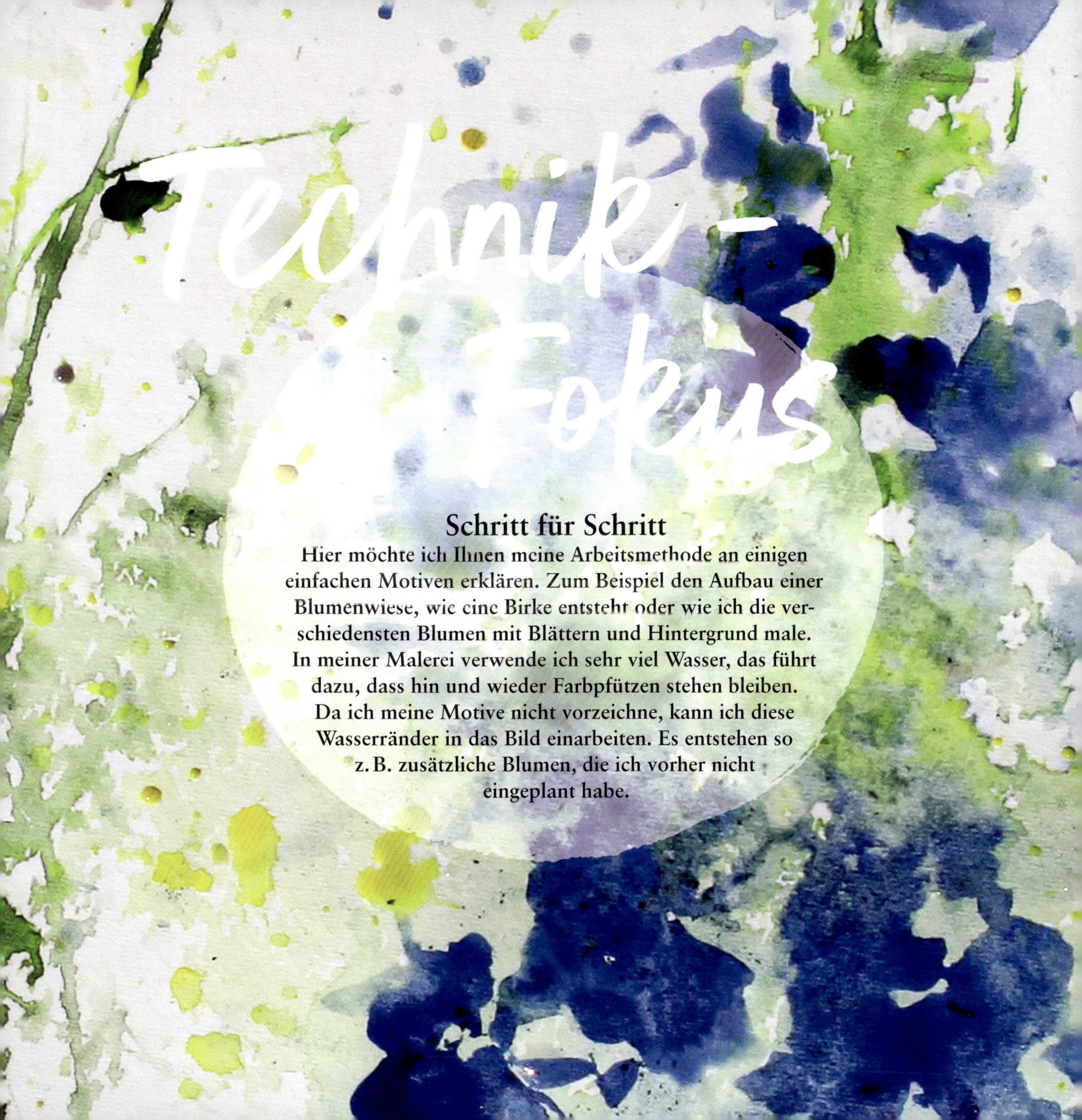

Technik-Fokus

Schritt für Schritt

Hier möchte ich Ihnen meine Arbeitsmethode an einigen einfachen Motiven erklären. Zum Beispiel den Aufbau einer Blumenwiese, wie eine Birke entsteht oder wie ich die verschiedensten Blumen mit Blättern und Hintergrund male. In meiner Malerei verwende ich sehr viel Wasser, das führt dazu, dass hin und wieder Farbpfützen stehen bleiben. Da ich meine Motive nicht vorzeichne, kann ich diese Wasserränder in das Bild einarbeiten. Es entstehen so z. B. zusätzliche Blumen, die ich vorher nicht eingeplant habe.

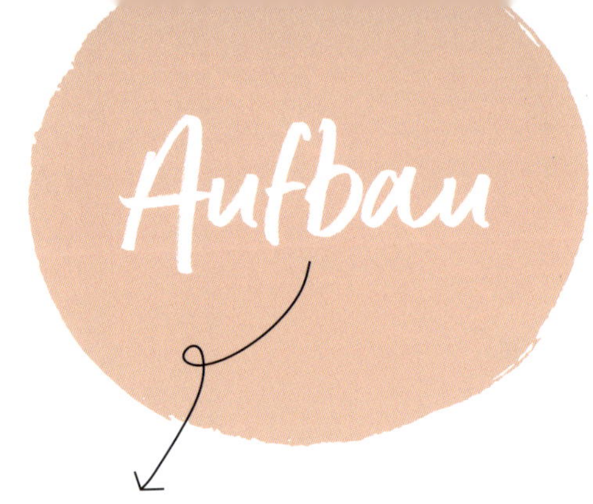

BLUMENWIESE

 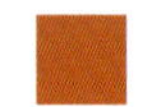   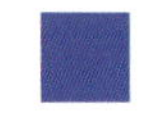

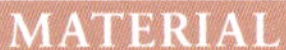

MATERIAL

- **Aquarellpapier**
  Oberfläche satiniert 300 g
- **Aquarellfarben**
  Zitronengelb, Reingelb, Lasurorange, Permanentrot, Ultramarin, Indigo, Krapplack rosa, Krapplack dunkel, Magenta, Maigrün, Grünoliv, Schwarz
- **Pinsel**
  Rundpinsel Nr. 20
  Schrägpinsel
  Linierer
- **Sprühflasche**
  mit Wasser

Setzen Sie gezielt die roten Blüten, da sich diese Farbe nur schwer übermalen lässt. Ordnen Sie die Blüten locker über das gesamte Papier an. Überlassen Sie die restlichen Blumen jedoch ruhig dem Zufall. Das Gesamtergebnis wird Sie bei diesem Motiv jedes Mal wieder überraschen.

1 Frühlingsbotschaft (S. 40)

2 Schattige Wälder (S. 58)

3 Unten am Fluss (S. 64)

4 Weiße Blüten im Winter (S. 102)

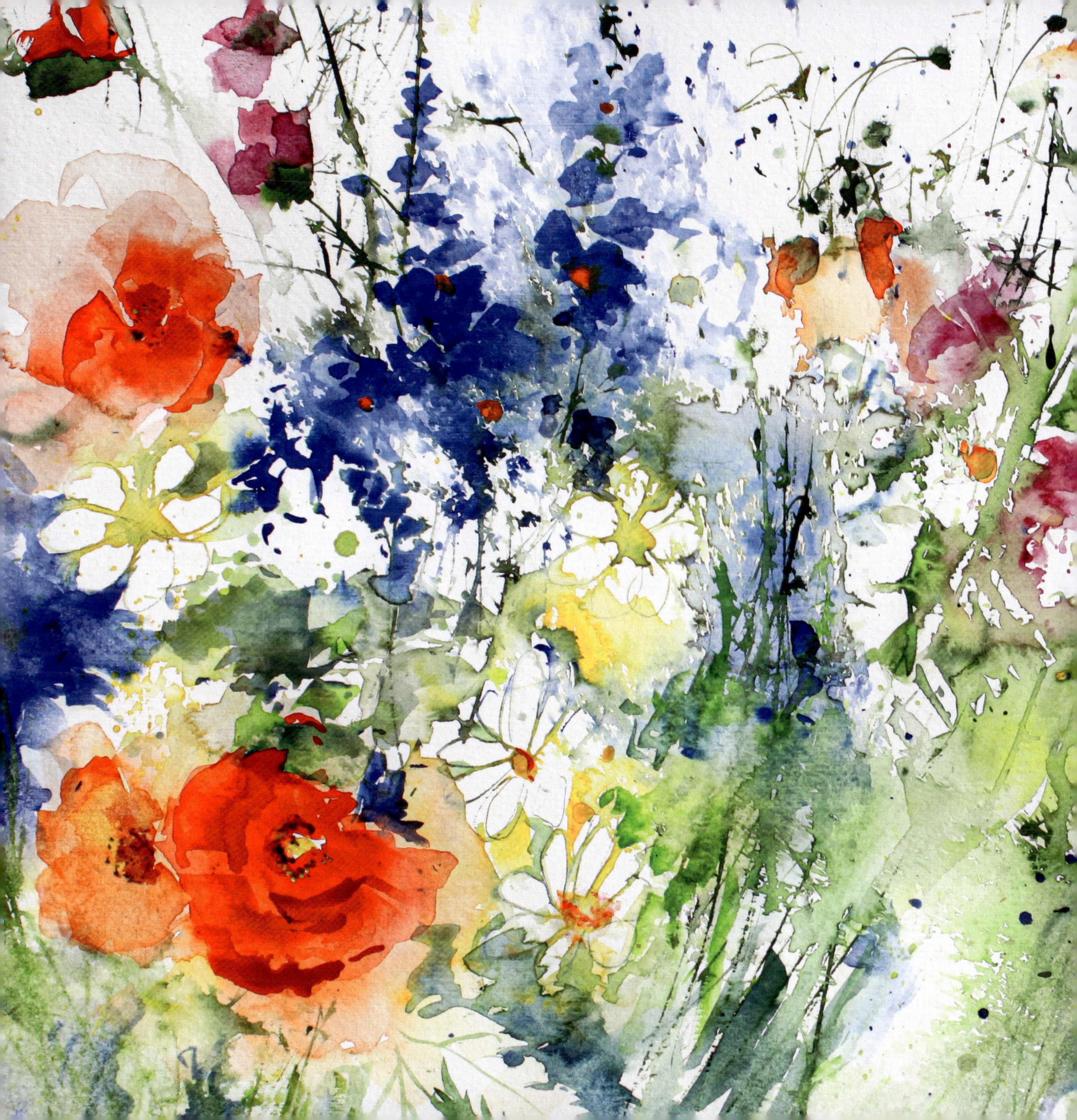

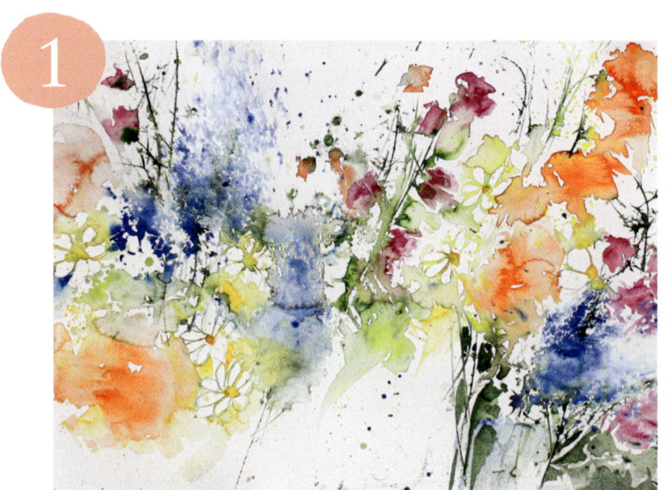

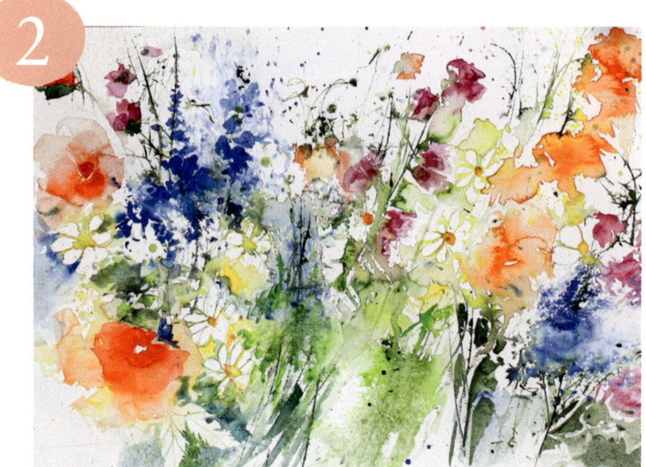

1 Positionieren Sie mit dem Schrägpinsel die Mohnblumen mit Lasurorange. Spritzen Sie mit Ultramarin die Blütenrispen, malen Sie mit Krapplack rosa die glockenförmigen Blüten. Spritzen Sie mit dem Rundpinsel zu jeder Blüte sofort den Hintergrund in Zitronengelb. Malen Sie mit dem Linierer passende Stängel und da und dort auch ein Blatt. Sprühen Sie vorsichtig Wasser über die bemalte Fläche. Die Farbe soll auch etwas in die Blüten einfließen, auch die Stängel und Blätter werden so etwas weicher. Formen Sie mit dem Schrägpinsel und der flüssigen Farbe auf dem Papier an einigen Stellen kleine Margeriten. Setzen Sie hier einen zitronengelben Punkt in die Mitte.

2 Gut trocknen lassen. Nun verstärken Sie die Blumen mit dem jeweils dunkleren Farbton – Lasurorange mit Permanentrot, Ultramarin mit einer Mischung aus Ultramarin und etwas Indigo, Krapplack rosa mit Magenta. Mischen Sie Grünoliv mit etwas Maigrün und malen Sie mit dem Linierer die fehlenden Stängel. Malen Sie mit dem Schrägpinsel noch einige Blätter dazu. Sprühen Sie etwas Wasser darüber.

3

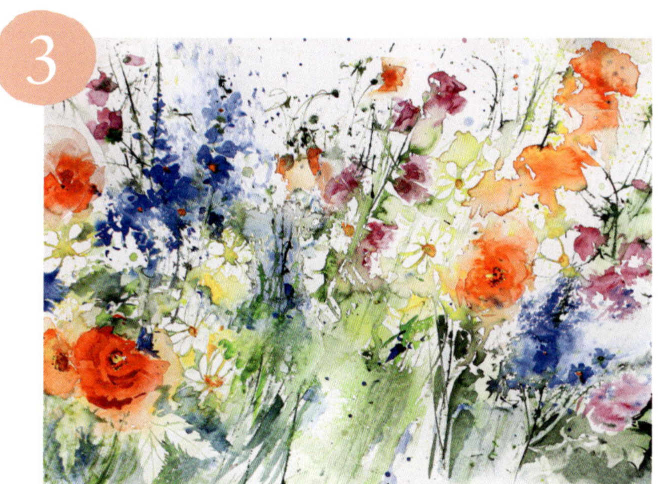

DETAIL

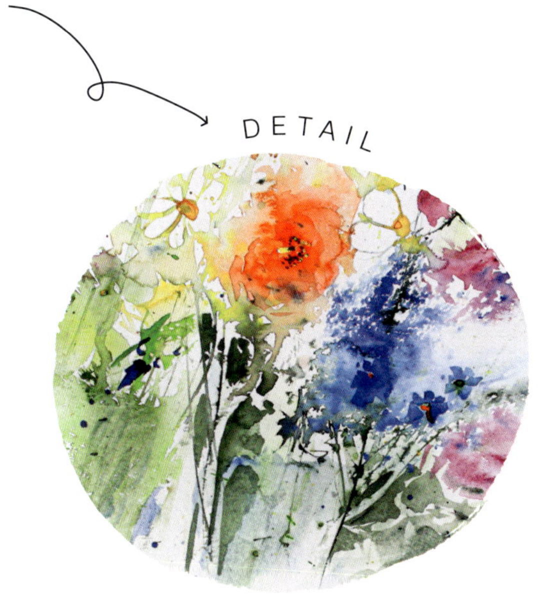

3 Nach dem Trocknen mischen Sie Grünoliv mit etwas Ultramarin. Sie erhalten so einen warmen, dunklen Grünton, und schattieren damit die hellgrünen Blätter, Gräser und Stängel. Malen Sie auch hier und da den Hintergrund mit dieser dunklen Farbe. Malen Sie in die Mohnblumen einen zitronengelben Punkt, schattieren Sie den Punkt in der Mitte der Margeriten mit Lasurorange. Malen Sie auch in die blauen Blüten hier und da lasurorange Staubgefäße. Malen Sie einige schwarze Pünktchen in die Mitte der Mohnblumen.

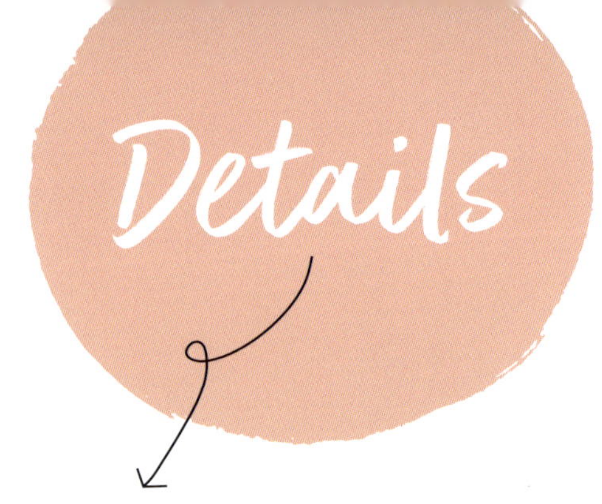

MOHNBLUMEN

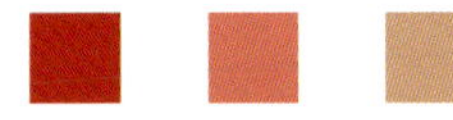

MATERIAL

- **Aquarellpapier**
  Oberfläche satiniert 300 g
- **Aquarellfarben**
  Zitronengelb, Reingelb, Lasurorange, Permanentrot, Maigrün, Grünoliv, Indigo, Krapplack dunkel, Schwarz
- **Pinsel**
  Rundpinsel Nr. 20
  Schrägpinsel
  Linierer
- **Sprühflasche**
  mit Wasser

Zuerst die Blätter und einige Stängel zu malen, habe ich bewusst entschieden. Die Orange- und Rottöne können sich so locker vermischen, ohne dass zu viel Grün in die Mohnblüten fließt und sie verschmutzt. Verwenden Sie für die Blumen das gesamte Spektrum der warmen Farben und erlauben Sie sich auch, dunklere Blüten auf das Papier zu malen.

1 Der Sommer ist nahe (S. 44)
2 Blütendolden mit Mohn (S. 70)
3 Herbstbunter Strauß (S. 80)
4 Feuriges Blätterdach (S. 82)
5 Baum im Schneesturm (S. 100)

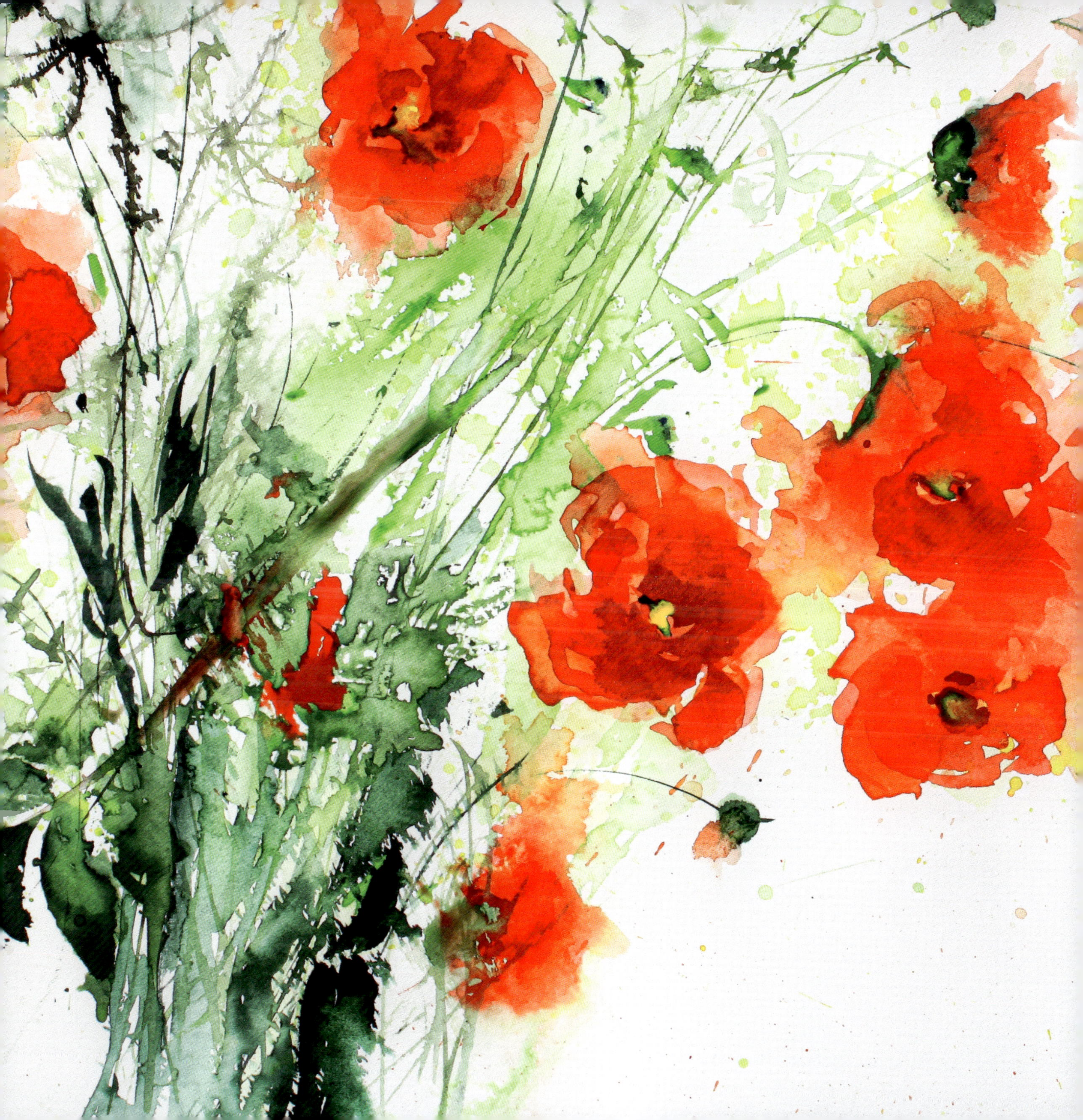

1

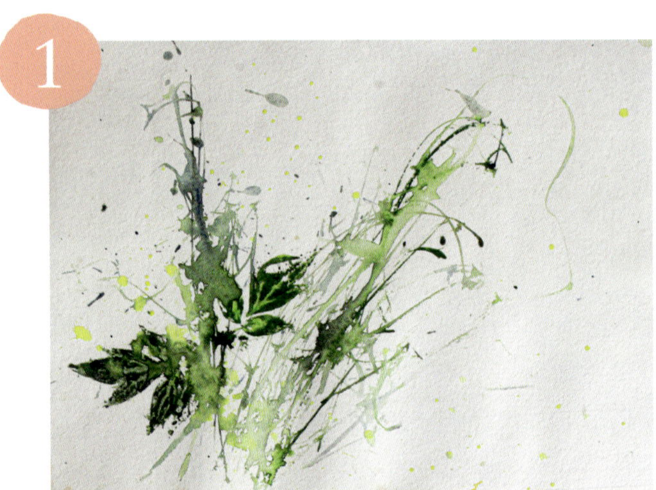

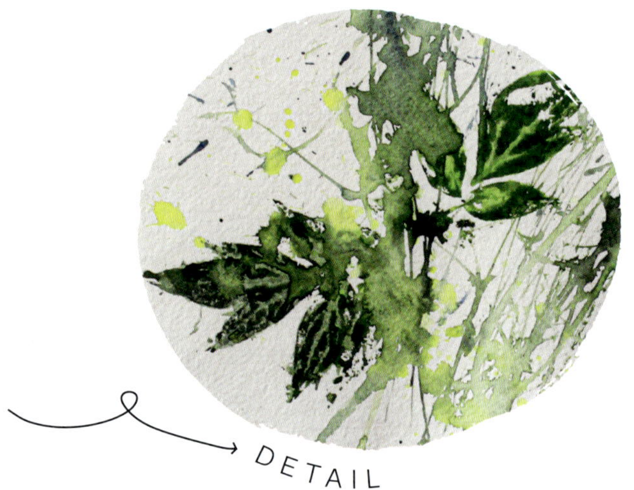

DETAIL

2

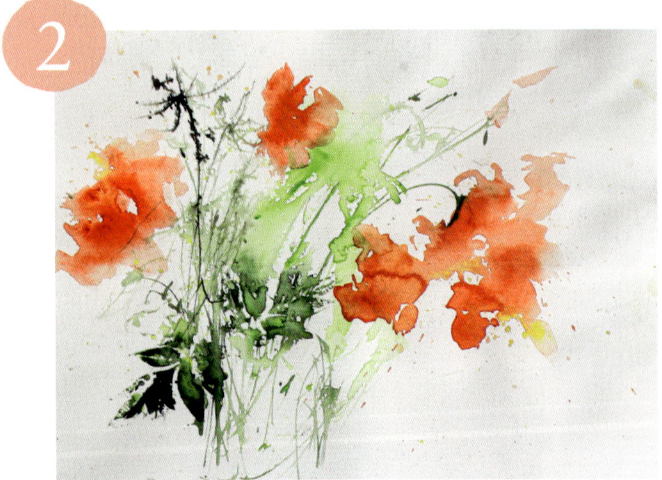

1 Bemalen Sie ein Blatt mit Maigrün und etwas Grünoliv und drücken Sie es auf eine passende Stelle. Heben Sie das Blatt wieder herunter und malen Sie mit dem Linierer locker einige Gräser dazu. Spritzen Sie etwas Zitronengelb darauf und sprühen Sie vorsichtig Wasser darüber.

2 Alles gut trocknen lassen. Malen Sie mit dem Schrägpinsel und Lasurorange einige Mohnblumen. Spritzen Sie mit dem Rundpinsel nochmals Zitronengelb in den Hintergrund, an einigen Stellen Reingelb. Sprühen Sie wieder Wasser darauf, damit die Farben stellenweise ineinanderfließen können.

3

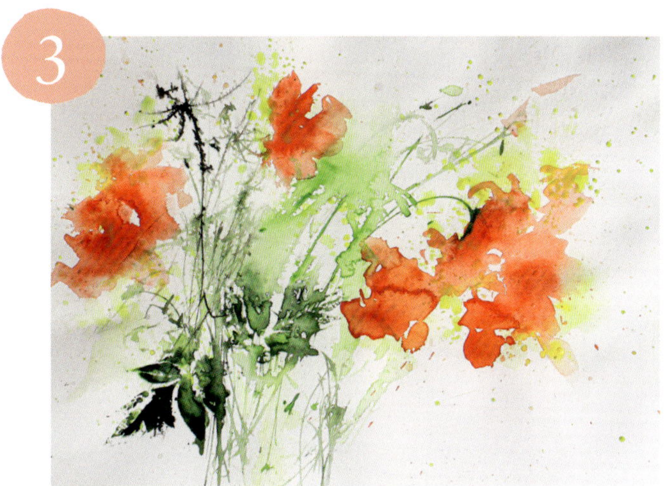

4

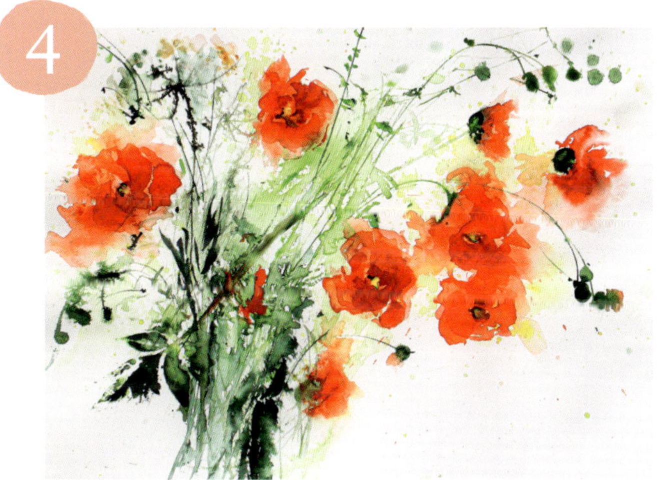

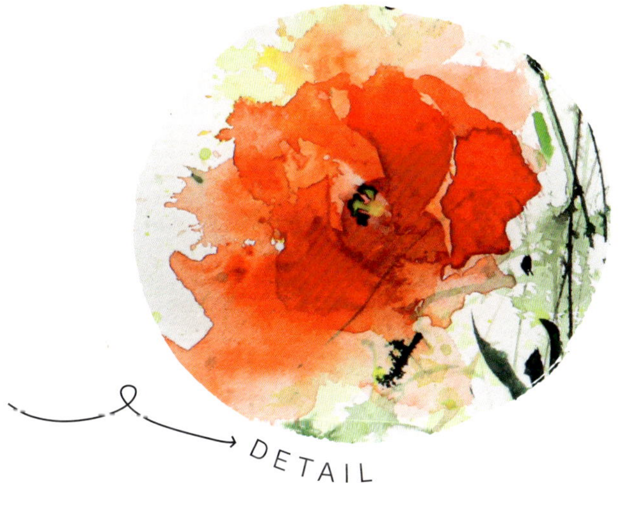

3 Trocknen lassen. Mischen Sie Grünoliv mit etwas Ultramarin und formen Sie mit dem Zeigefinger kleine Mohnkapseln und Knospen. Ziehen Sie mit dem Linierer dazu passende Stängel und Gräser und sprühen Sie leicht Wasser darüber. Verstärken Sie die Mohnblumen mit Permanentrot. Setzen Sie mit Zitronengelb einen Punkt für die Staubgefäße. Alles trocknen lassen.

4 Mischen Sie Ultramarin mit etwas Grünoliv und malen Sie mit dem Schrägpinsel die tiefsten Schatten in das Bild. Nach dem Trocknen malen Sie mit dem Schrägpinsel und Schwarz die Staubgefäße der Mohnblüten. Malen Sie in einige Knospen kleine rote Blütenblätter.

Zufall

BLAUE UND LILA BLÜTENRISPEN

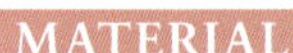

MATERIAL

- **Aquarellpapier**
  Oberfläche satiniert 300 g
- **Aquarellfarben**
  Zitronengelb, Maigrün, Grünoliv, Bergblau, Ultramarin, Ultramarinviolett, Brilliant Blauviolett, Krapplack rosa
- **Pinsel**
  Rundpinsel Nr. 20
  Schrägpinsel
  Linierer
- **Sprühflasche**
  mit Wasser

Fließende Farben, viel Wasser – das Zufallsprinzip der Aquarelltechnik. Erkennen Sie in den zufälligen Farbverläufen die Blüten und geben Sie ihnen mit Pinsel und Farbe die gewünschte Form. Ordnen Sie die Blüten locker an und erlauben Sie sich Freiräume und ausreichend Platz für Stängel und Blätter.

1 Linde im Frühlingslicht (S. 46)
2 Apfelbaum in Blüte (S. 48)
3 Novemberstimmung (S. 76)
4 Bunt steht der Wald (S. 88)

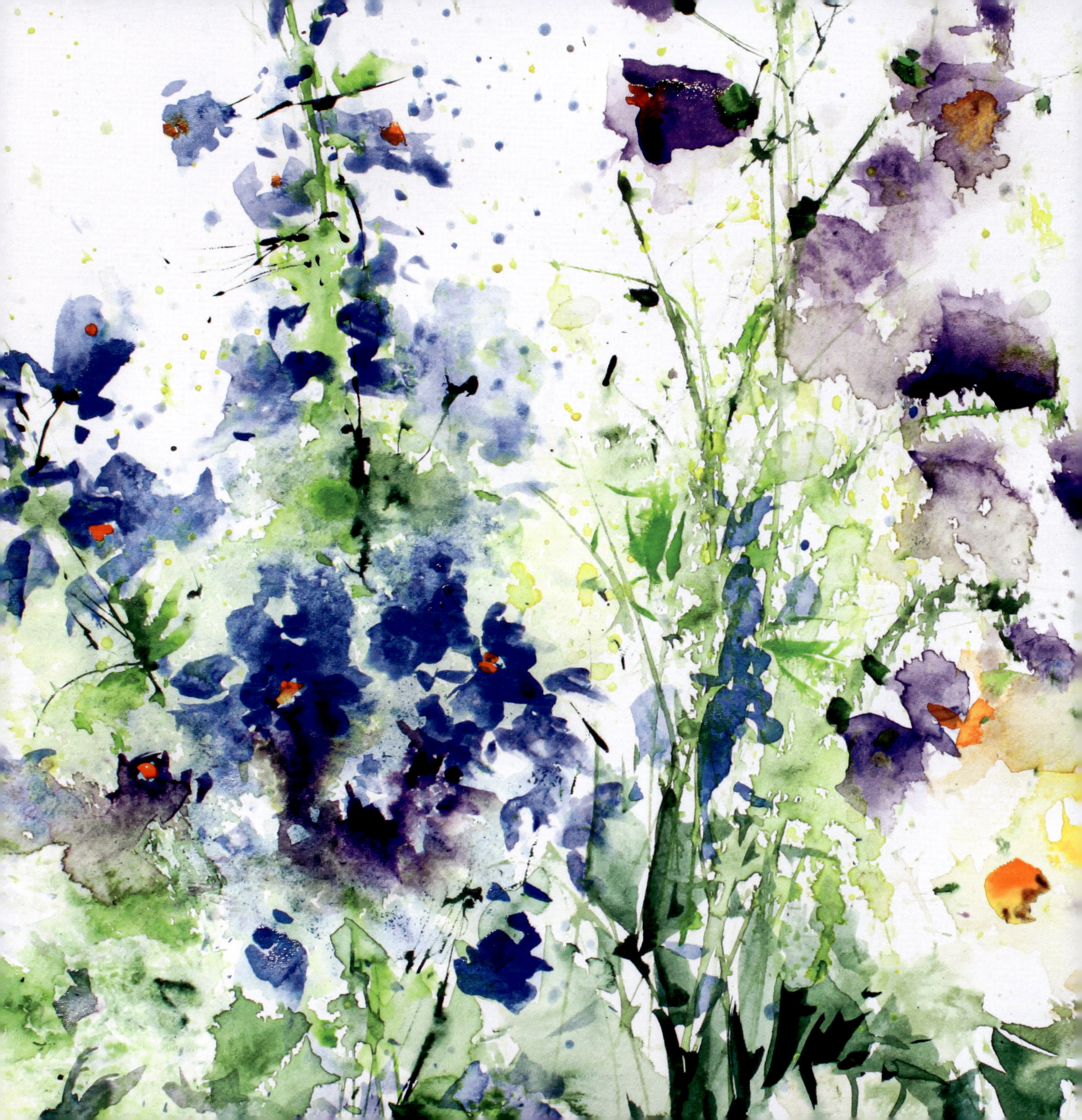

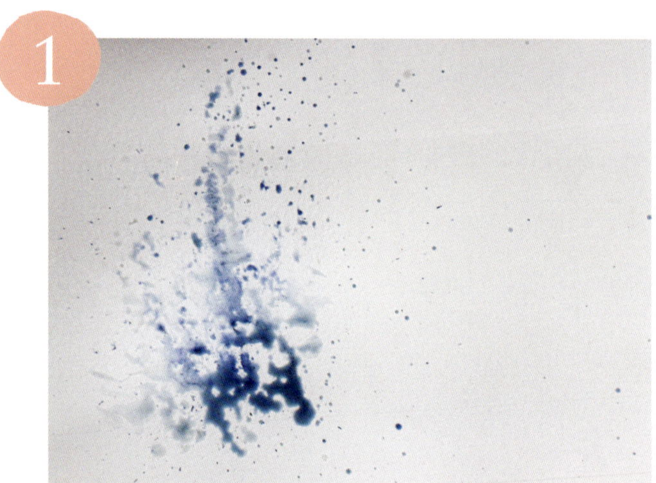

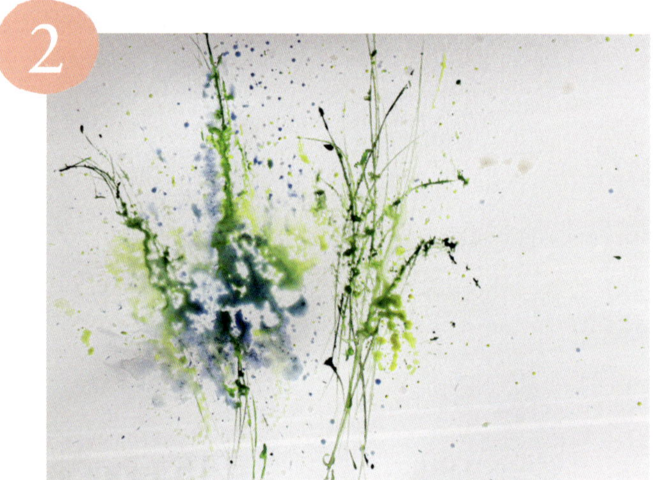

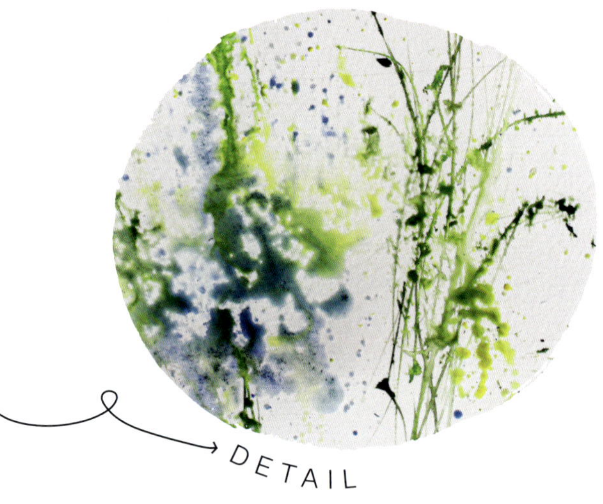

1 Spritzen Sie mit dem Rundpinsel und Bergblau die Form eines Rittersporns. Mischen Sie Maigrün mit etwas Grünoliv und malen Sie mit dem Linierer passende Stängel dazu. Malen Sie einige Stängel für die glockenförmigen lila Blüten. Spritzen Sie mit dem Rundpinsel Zitronengelb in den Hintergrund und besprühen Sie anschließend alles vorsichtig mit Wasser.

2 Nach dem Trocknen formen und verstärken Sie mit dem Schrägpinsel die hellblauen Blütenrispen mit Ultramarin. Malen Sie mit Ultramarinviolett die Glockenblumen. Spritzen Sie etwas Ultramarinviolett ganz rechts ins Bild und nochmals etwas Zitronengelb. Sprühen Sie kurz Wasser darauf und formen Sie mit dem Schrägpinsel einige Margeriten. Setzen Sie mit Zitronengelb einen Punkt in die Mitte der Blüten. Trocknen lassen.

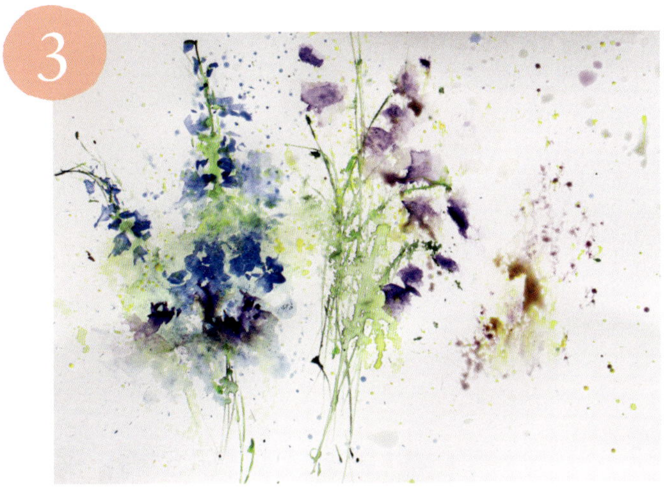

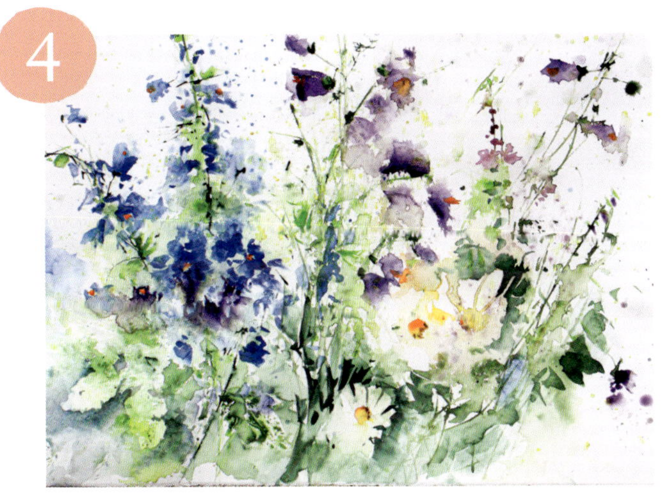

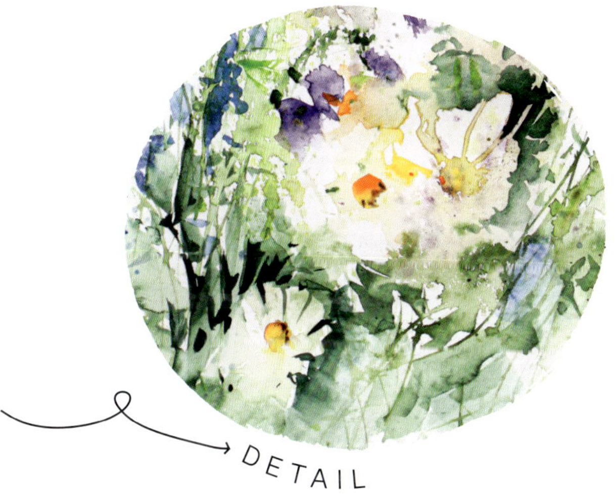

DETAIL

3 Mischen Sie Grünoliv mit etwas Ultramarin und malen Sie damit die Schatten in die Blätter und Stängel. Ziehen Sie mit dem Linierer einige dunkelgrüne Gräser durch das Bild. Spritzen Sie noch etwas Zitronengelb in die grünen Flächen.

4 Formen Sie mit dem Schrägpinsel einige rosa Blümchen und verstärken Sie die Glockenblumen mit Brilliant Blauviolett.

Heben Sie auch die Margeriten mit diesem dunkelgrünen Farbton hervor. In die Mitte einiger Blüten malen Sie einen lasurorangen Punkt, ebenso schattieren Sie die Staubgefäße der Margeriten mit Lasurorange.

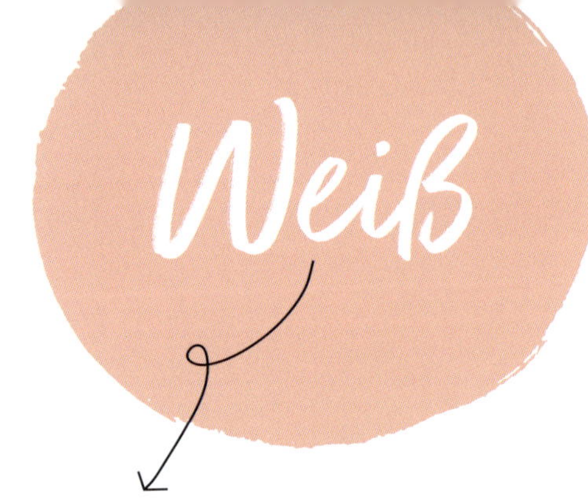

WEIßE MARGERITE

   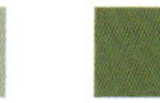

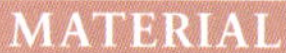

MATERIAL

- **Aquarellpapier**
  Oberfläche satiniert 300 g/qm
- **Aquarellfarben**
  Zitronengelb, Reingelb, Lasurorange, Lasurbraun, Ultramarin, Maigrün, Grünoliv
- **Pinsel**
  Rundpinsel Nr. 20
  Schrägpinsel
  Linierer
- **Sprühflasche**
  mit Wasser

Leuchtendes Weiß, hervorgehoben durch dunkle Schatten. Mit Rubbelkrepp die Blüte abzudecken wäre auch eine Möglichkeit, frischer und spontan wirkt es jedoch ohne Maskiermittel. Trauen Sie sich, die Margerite frei Hand zu skizzieren, die Natur ist der kreativste Künstler.

1 Blumen vom Wegesrand (S. 42)

2 Sommerharmonie (S. 62)

3 Margeritensterne (S. 66)

4 Träumerische Seerosen (S. 72)

5 Der Sommer verblüht (S. 90)

6 Ein Strauß Schneerosen (S. 94)

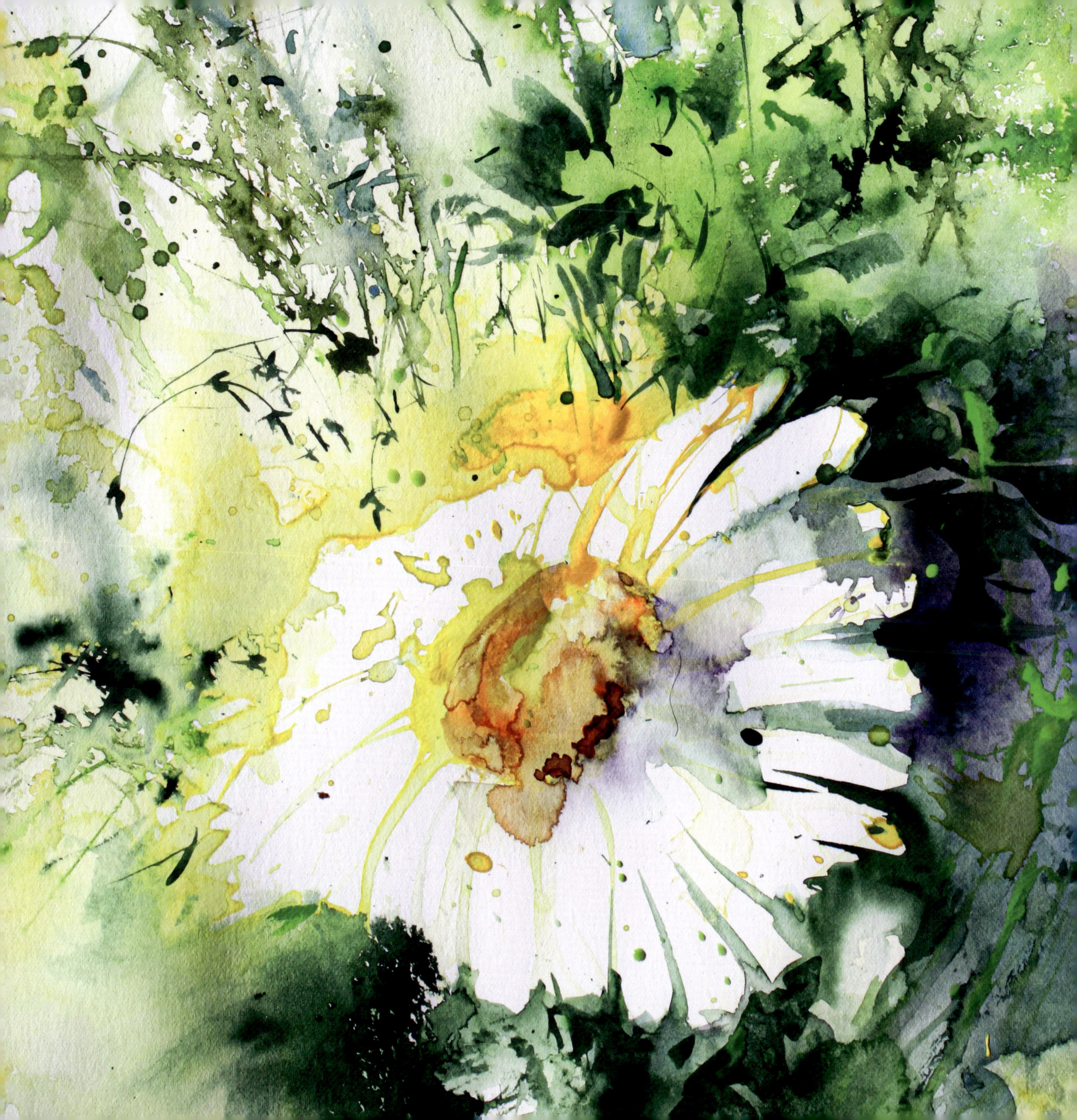

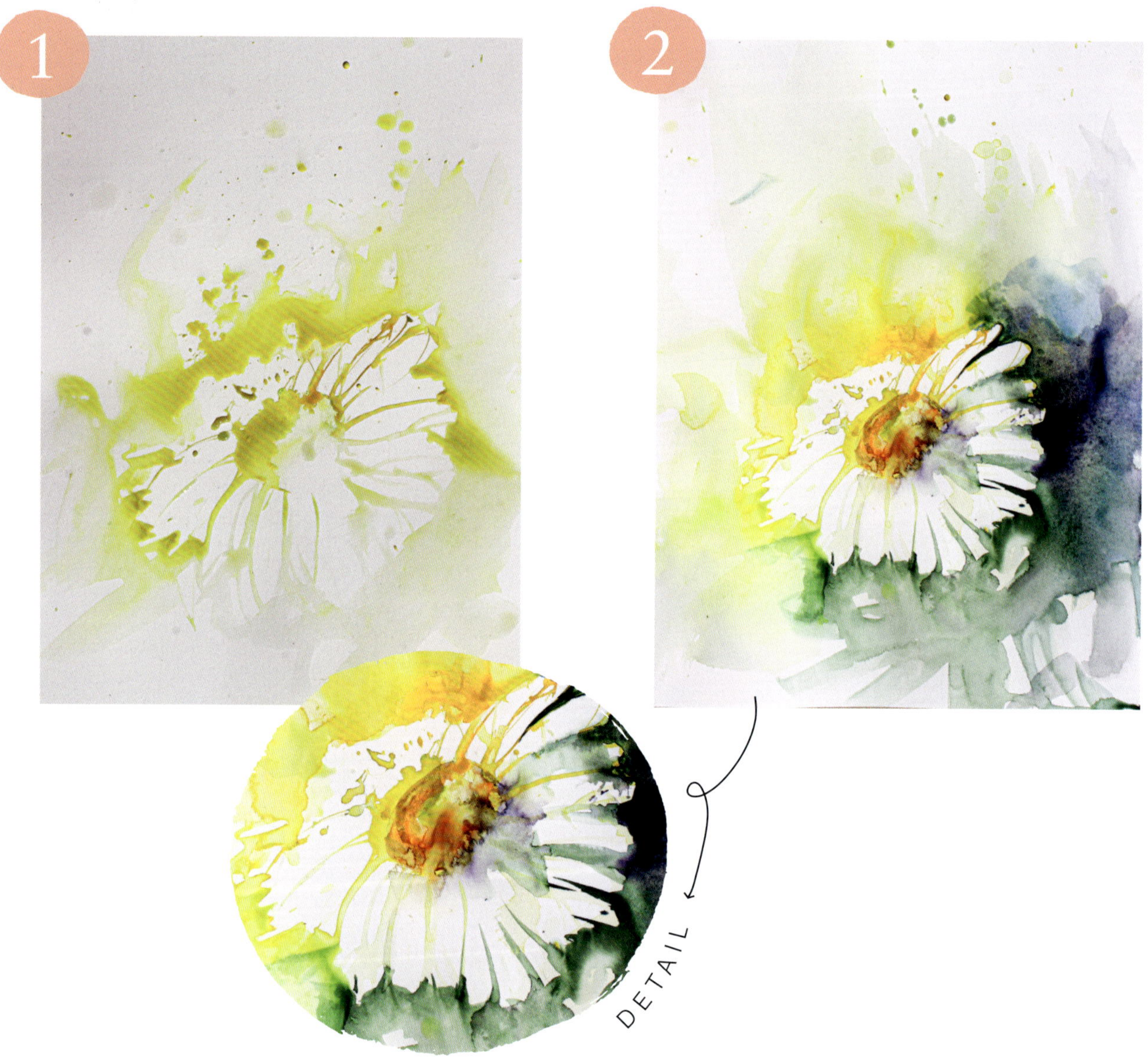

1 Malen Sie mit dem Linierer und Zitronengelb die Umrisse der Margerite, setzen Sie einen zitronengelben Punkt in die Mitte. Sprühen Sie leicht Wasser darüber, damit die gelbe Farbe sofort in den Hintergrund verläuft und keine harten Umrisse entstehen.

2 Nach dem Trocknen verstärken Sie den Hintergrund mit Reingelb für die sonnige Seite, mit Ultramarin und Grünoliv die Schattenseite. Schattieren Sie die Mitte der Margerite mit Lasurorange und malen Sie einen Tropfen Ultramarin dazu. Malen Sie einige Pünktchen mit Lasurbraun hinein.

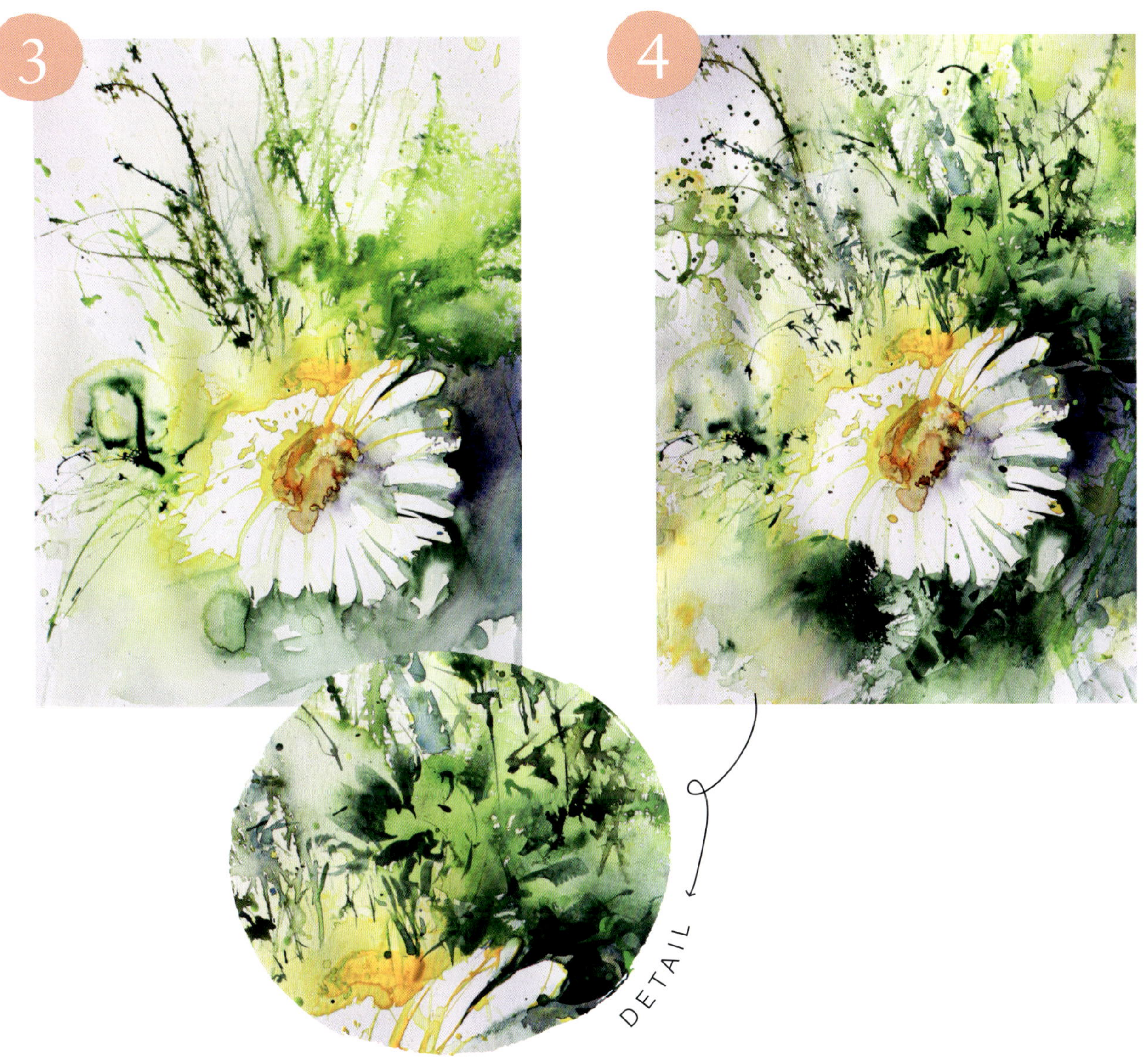

3 Mischen Sie Maigrün mit etwas Grünoliv und formen Sie mit dem Schrägpinsel dazu passende Blätter. Malen Sie mit dieser Farbe und dem Linierer Gräser und Stängel. Spritzen Sie etwas Zitronengelb darauf und besprühen Sie alles vorsichtig mit Wasser, auch über die Margerite.

4 Nach dem Trocknen mischen Sie Grünoliv und Ultramarin. Formen Sie mit dem Schrägpinsel Blätter und dunklere Gräser. Heben Sie das Weiß der Margerite mit einigen dunklen Schatten hervor. Malen Sie mit dem Linierer und Maigrün einige hellere Gräser in zu dunkel gewordene Stellen.

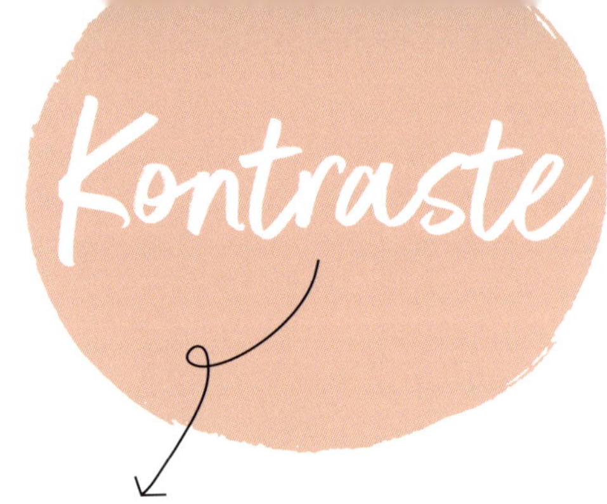

BIRKEN

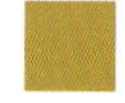 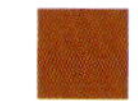   

MATERIAL

- **Aquarellpapier**
  Oberfläche satiniert 300 g/qm
- **Aquarellfarben**
  Zitronengelb, Reingelb, Lasurorange, Maigrün, Grünoliv, Bergblau, Ultramarin, Sepia
- **Pinsel**
  Aquarellpinsel Nr. 20
  Schrägpinsel
  grober Borstenpinsel
  Linierer
- **Sprühflasche**
  mit Wasser

Die markante Rinde der Birken mit trockener Farbe, die Blätter jedoch mit viel Wasser und ebenso viel Farbe bearbeiten. Das Blätterdach sollte möglichst hell bleiben, die dunklen Farben dürfen nur stellenweise einfließen. So fangen Sie den Sonnenschein des Sommerwaldes ein.

1 Sonnendurchfluteter Frühlingswald (S. 50)

2 Frühling in den Bergen (S. 54)

3 Flammende Wälder (S. 78)

4 Im warmen Herbstlicht (S. 86)

5 Winter am See (S. 96)

6 Rosa Weihnachtsstern (S. 104)

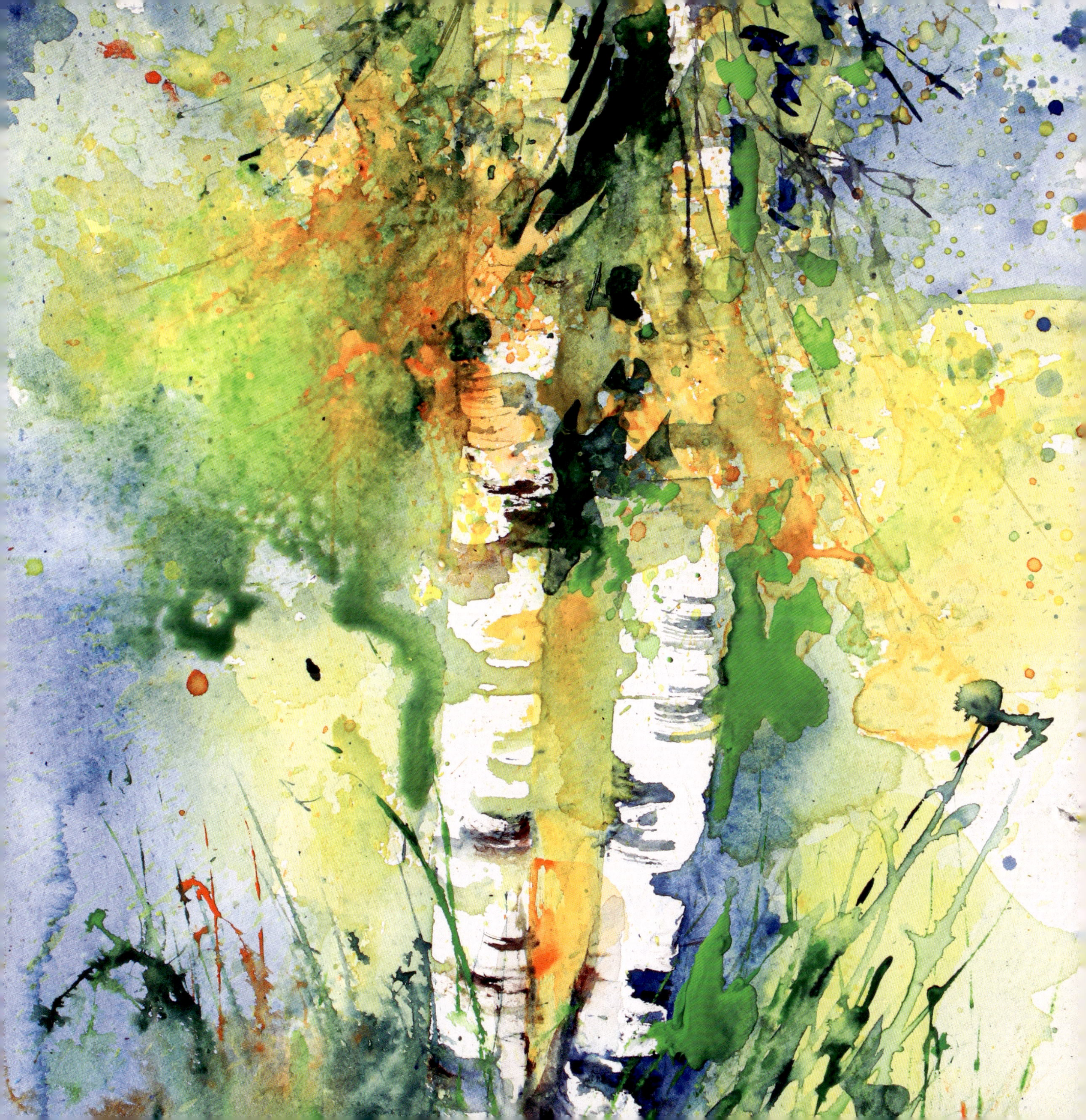

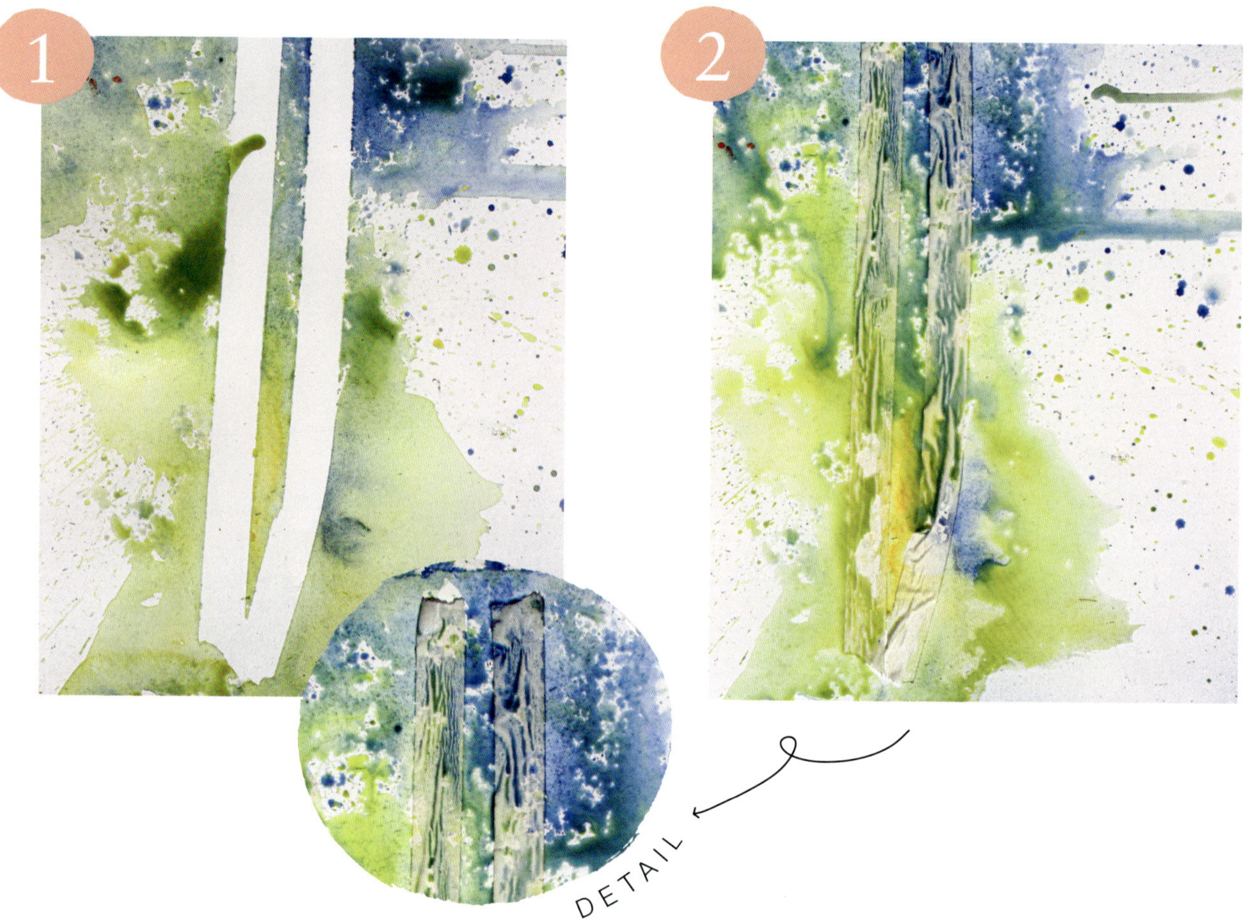

1 Nehmen Sie zwei Papierklebestreifen in der passenden Länge und kleben Sie diese leicht – nicht stark andrücken – nebeneinander auf das Papier. Spritzen Sie im oberen Drittel mit dem Rundpinsel kräftig Bergblau für den Himmel und eine Stelle unten rechts neben der Birke, die restliche Fläche Zitronengelb. Sprühen Sie etwas Wasser darauf und drehen Sie das Bild, damit sich hier und da die Farben vermischen können. Kurz trocknen.

2 Spritzen Sie nochmals Bergblau und Zitronengelb in das Bild. Die Farben sollten nicht zu wässrig sein.

3 Nun ziehen Sie vorsichtig die beiden Papierstreifen ab. Formen Sie mit dem trockenen Schrägpinsel und trockener Sepiafarbe die dunkle Borke der ersten Birke. Der blaue bzw. gelbe Hintergrund sollte auch in die Baumstämme mit einfließen. Spritzen Sie mit dem Borstenpinsel Zitronengelb für die Blätter, kurz trocknen, dann spritzen Sie einige Stellen mit Reingelb und hier und da etwas Lasurorange. Besprühen Sie alles mit Wasser.

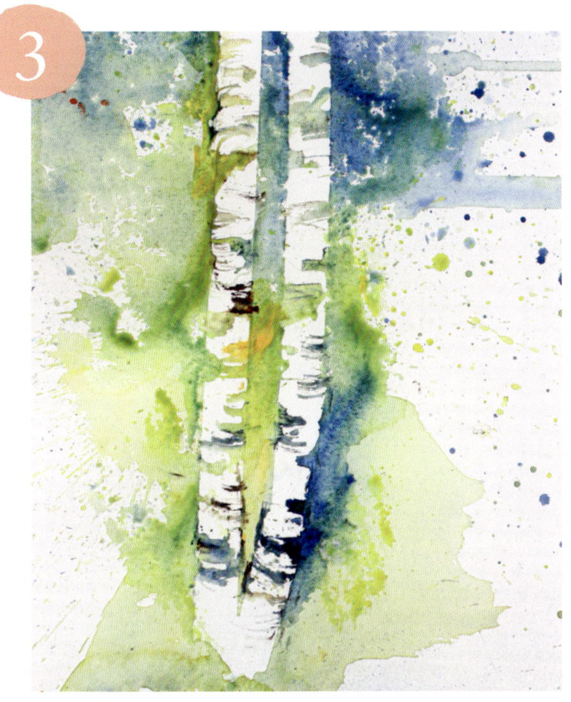

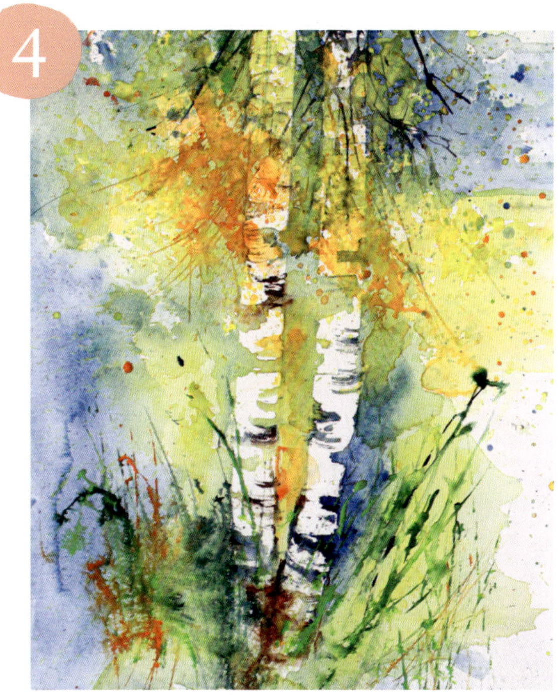

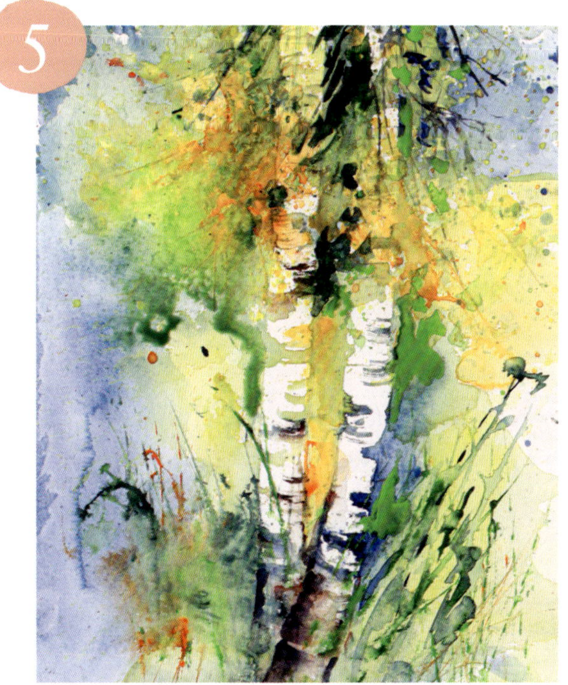

4 Nach dem Trocknen spritzen Sie maigrüne Blätter – wieder kurz trocknen –, dann verdunkeln Sie das Blätterdach mit einer Mischung aus Grünoliv und etwas Ultramarin. Malen Sie mit dem Linierer und Sepia einige Ästchen der Birken.

5 Malen Sie mit dieser grünen Mischung und dem Linierer ein kleines Wiesenstück am Fuße der Birken. Spritzen Sie etwas Lasurbraun hinein und besprühen Sie alles vorsichtig mit Wasser. Verstärken Sie den Himmel im oberen Teil mit Ultramarin.

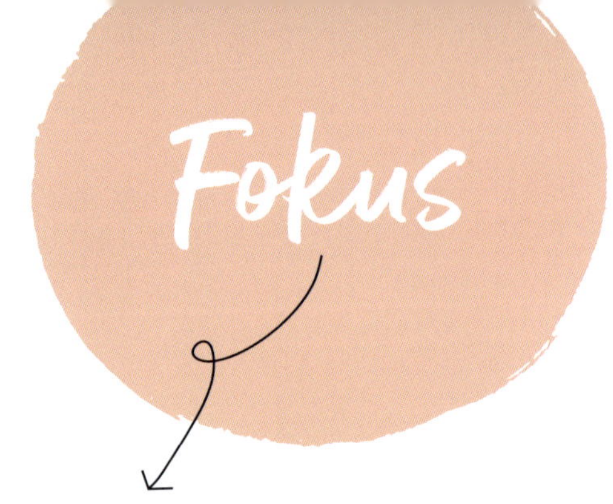

SONNENBLUME

    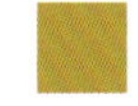

MATERIAL

- **Aquarellpapier**
  Oberfläche satiniert 300 g/qm
- **Aquarellfarben**
  Zitronengelb, Reingelb, Lasurorange, Maigrün, Grünoliv, Ultramarin, Lasurbraun, Vandyckbraun
- **Pinsel**
  Aquarellpinsel Nr. 20
  Schrägpinsel
  Linierer

Keine andere Blume erinnert so sehr an den Sommer. Ich male den Strahlenkranz der Sonnenblume daher gerne etwas überdimensioniert, um dieses Leuchten einzufangen. Achten Sie darauf, dass die hellen Farben gut getrocknet sind, bevor die dunklen eingesetzt werden.

1 Blütenfülle im Frühling (S. 52)

2 Die Trauben reifen (S. 68)

3 Herbstliche Apfelernte (S. 84)

4 Rosarote Amaryllis (S. 98)

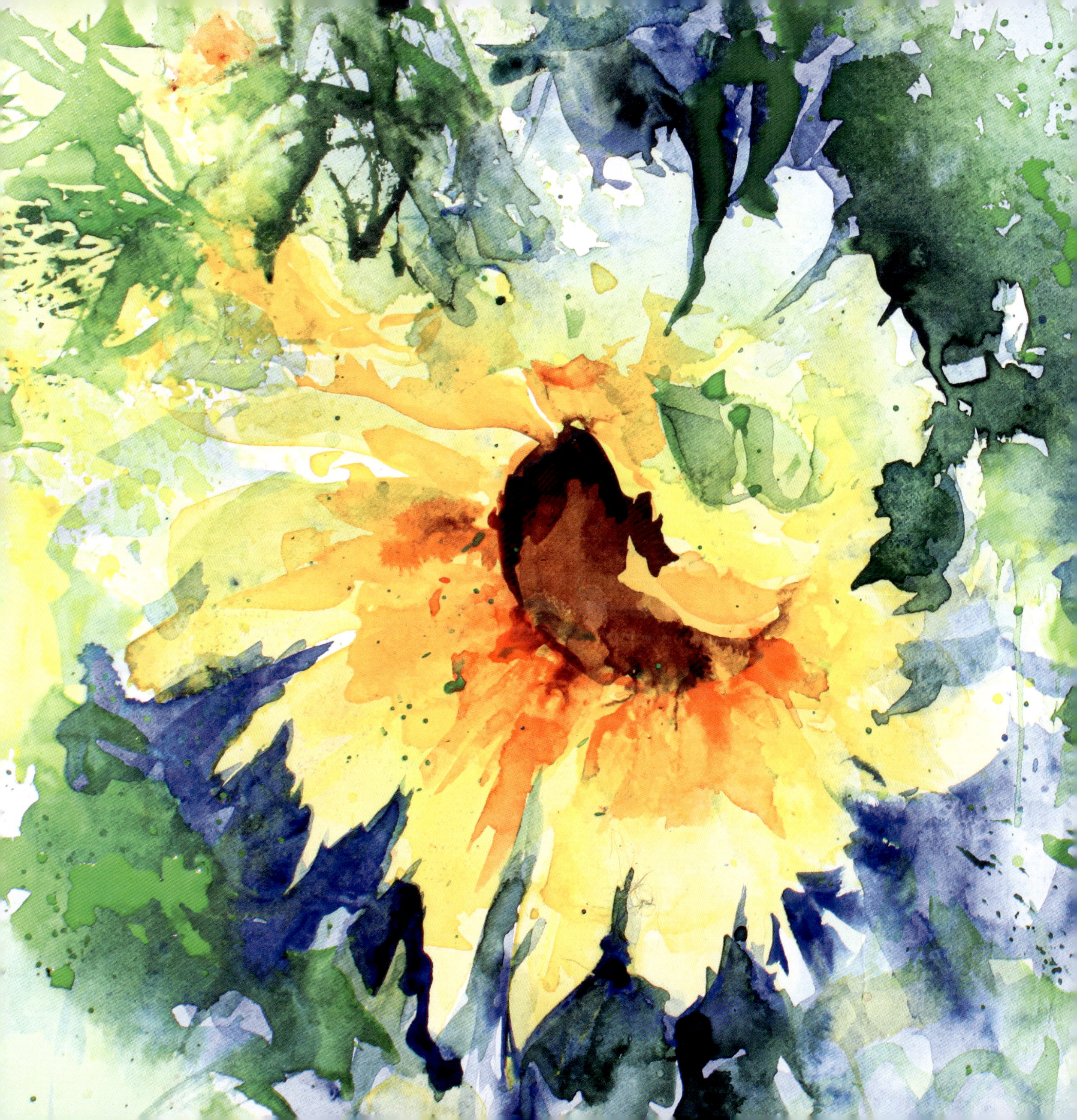

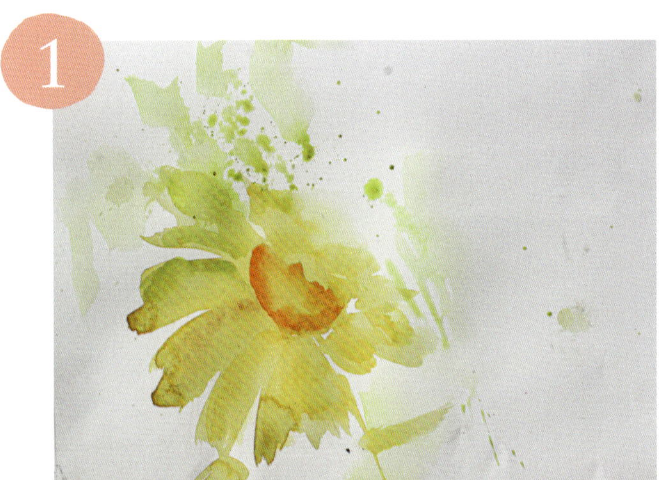

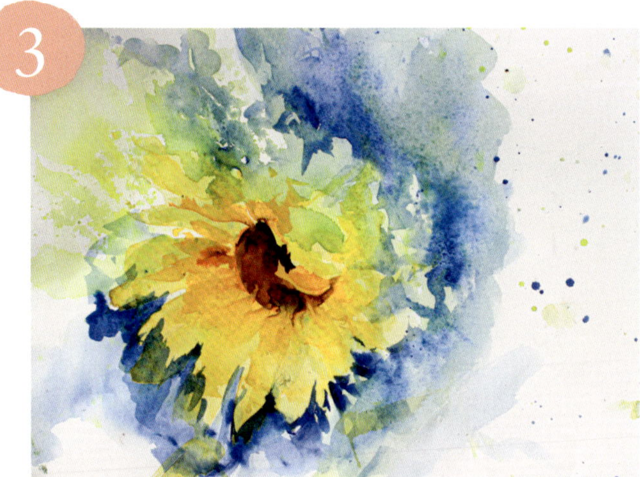

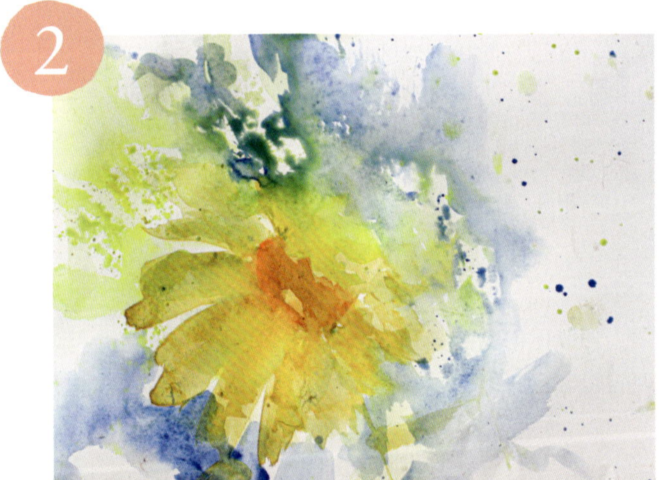

1 Malen Sie mit dem Rundpinsel und Zitronengelb die Form der Sonnenblume. Malen Sie auch die Mitte zitronengelb. Spritzen Sie großzügig Zitronengelb in den Hintergrund und besprühen Sie alles mit Wasser.

2 Nach dem Trocknen malen Sie die Mitte der Sonnenblume Indischgelb, formen Sie mit dem Schrägpinsel die Blütenblätter mit Reingelb. Es sollten jedoch zitronengelbe Spitzen stehenbleiben. Spritzen Sie Ultramarin in den Hintergrund und sprühen Sie Wasser darauf.

3 Nach dem Trocknen malen Sie einen Teil der Umrisse der Sonnenblume mit Ultramarin, einen Teil verstärken Sie mit Reingelb. Der dunkelblaue Hintergrund hebt die Blütenblätter markant hervor. Trocknen lassen.

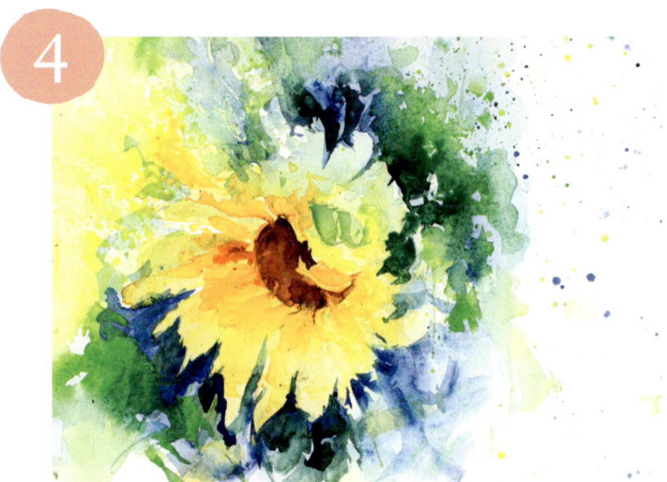

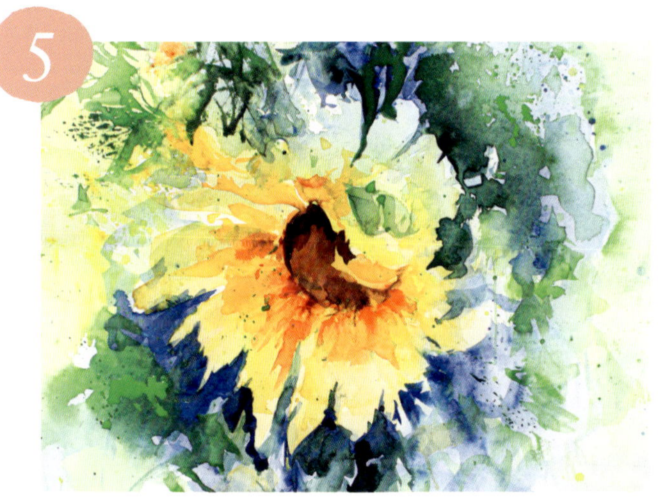

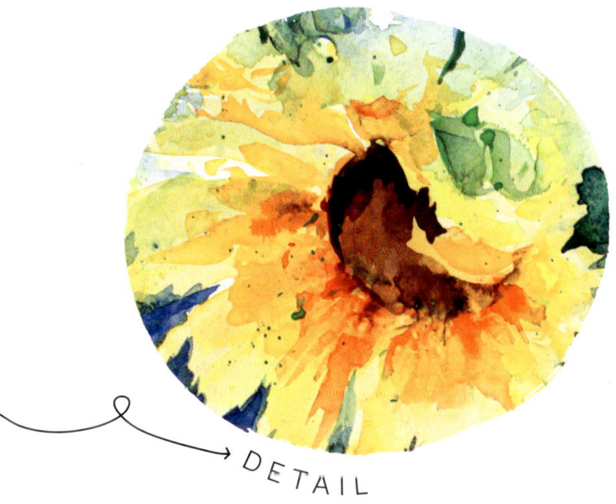

4 Malen Sie mit Maigrün den Stängel und die Blätter. Formen Sie die Mitte der Blume mit Lasurbraun und malen Sie mit dem Schrägpinsel einige lasurorange Blütenblätter. Sprühen Sie etwas Wasser darauf. Wieder trocknen lassen.

5 Mischen Sie Grünoliv mit etwas Ultramarin und malen Sie damit die Schatten in Stängel und Blätter. Malen Sie mit diesem Grün und dem Linierer lockere Gräser in das Bild. Verstärken Sie die Mitte der Sonnenblume mit Vandyckbraun, einige Blütenblätter mit Lasurorange.

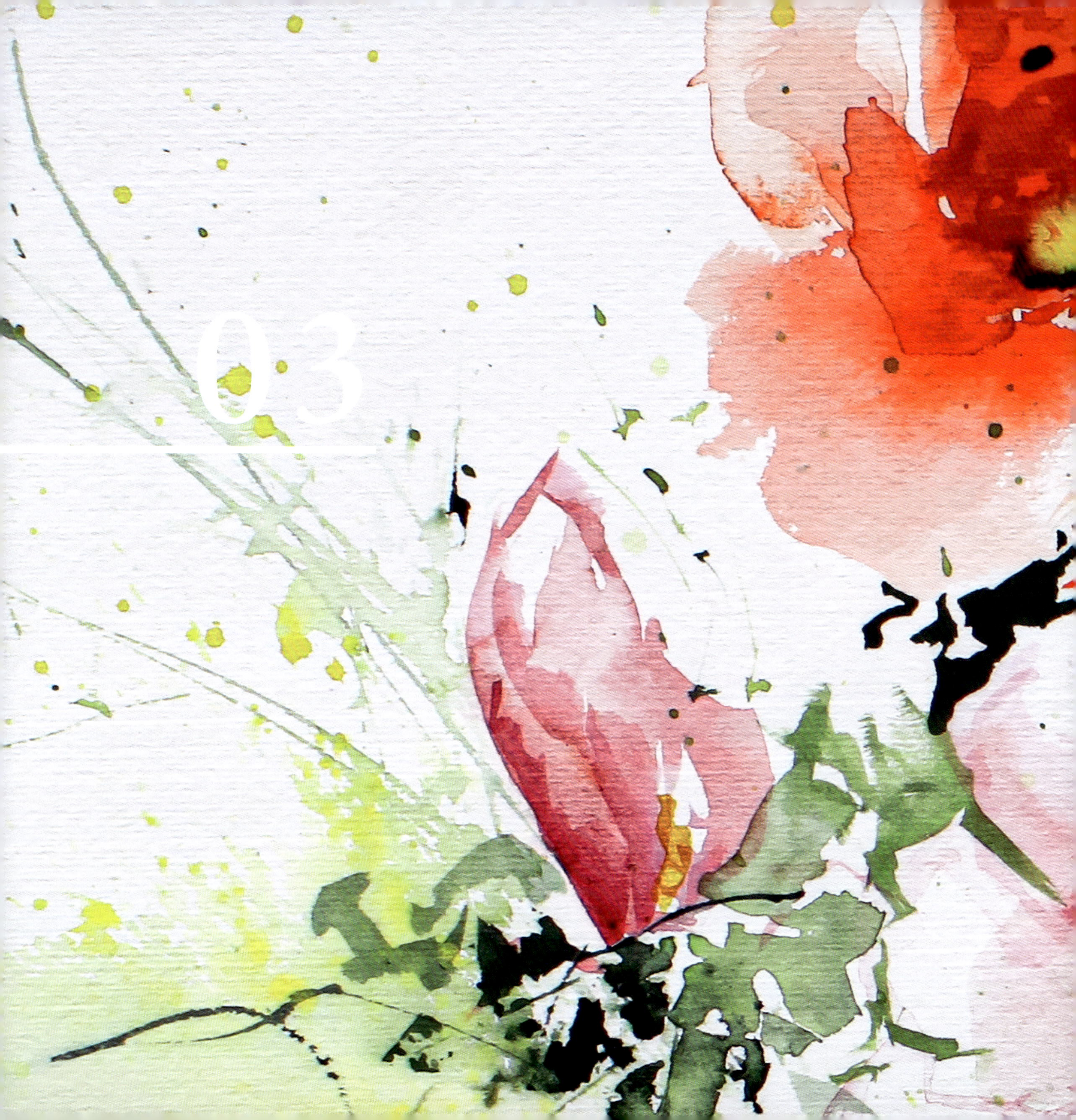
03

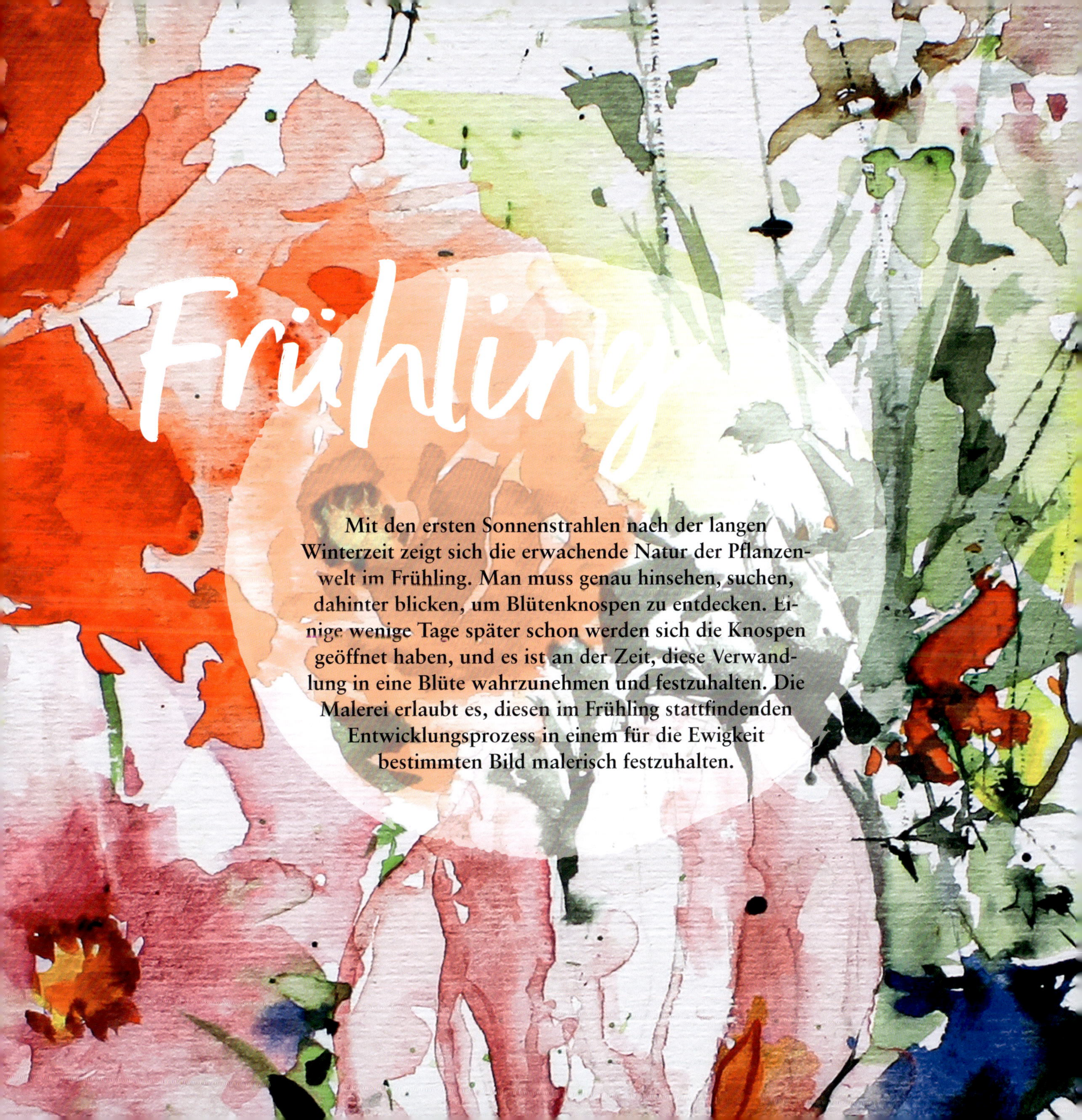

Frühling

Mit den ersten Sonnenstrahlen nach der langen Winterzeit zeigt sich die erwachende Natur der Pflanzenwelt im Frühling. Man muss genau hinsehen, suchen, dahinter blicken, um Blütenknospen zu entdecken. Einige wenige Tage später schon werden sich die Knospen geöffnet haben, und es ist an der Zeit, diese Verwandlung in eine Blüte wahrzunehmen und festzuhalten. Die Malerei erlaubt es, diesen im Frühling stattfindenden Entwicklungsprozess in einem für die Ewigkeit bestimmten Bild malerisch festzuhalten.

Frühlings-BOTSCHAFT

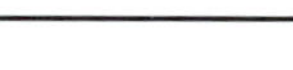

MATERIAL

- **Aquarellpapier**
  Oberfläche satiniert 300 g/qm
- **Aquarellfarben**
  Zitronengelb, Krapplack rosa, Krapplack dunkel, Permanentrot orange, Permanentrot, Maigrün, Grünoliv, Ultramarin, Vandyckbraun
- **Pinsel**
  Rundpinsel Nr. 20
  Schrägpinsel
  Linierer

Nutzen Sie das reichhaltige Angebot des Frühlings, um es zu einem Tischschmuck zu verarbeiten.

1 Formen Sie mit dem Schrägpinsel und Ultramarin die Vase. Dann positionieren Sie mit Krapplack rosa die Magnolienblüten, mit Permanentrot orange die Mohnblumen und spritzen mit dem Rundpinsel Zitronengelb in den Hintergrund. Sprühen Sie leicht Wasser darüber.

2 Gut trocknen lassen. Verstärken Sie die Mohnblumen mit Permanentrot und tupfen Sie Zitronengelb in die Mitte. Auch die aufgeblühten Magnolien bekommen eine gelbe Mitte.

3 Verstärken Sie die Blütenblätter der Magnolie nochmals mit Krapplack rosa, für die dunkle Mitte nehmen Sie Krapplack dunkel, und ebenso für die Mohnblüten.

4 Spritzen Sie mit dem Rundpinsel und Maigrün die angedeuteten Blätter in den Hintergrund und verstärken Sie diese dann mit dem Schrägpinsel und Grünoliv. Mischen Sie Maigrün mit etwas Grünoliv und ziehen Sie mit dem Linierer Stängel und Gräser durch das Bild. Malen Sie mit Vandyckbraun die zarten Äste passend zu den Magnolienblüten.

5 Verstärken Sie die Vase mit Ultramarin und sprühen Sie etwas Wasser darüber. Mischen Sie zu Ultramarin etwas Indigo und malen Sie damit den Schatten unter der Vase.

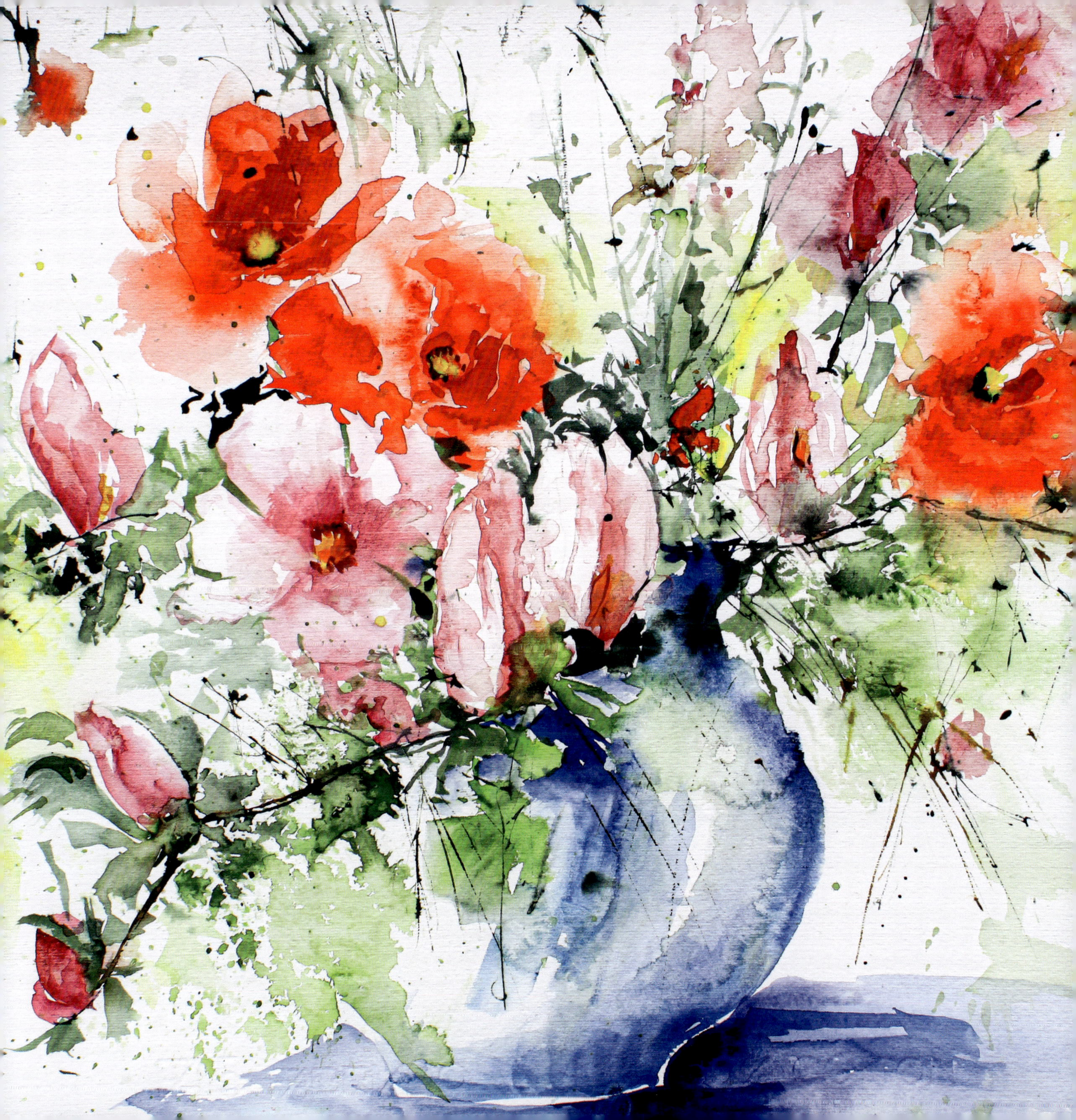

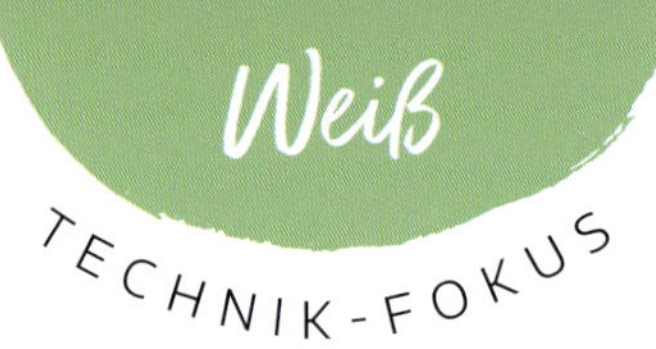

BLUMEN vom Wegesrand

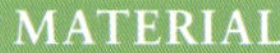

MATERIAL

- **Aquarellpapier**
  Oberfläche satiniert 300 g/qm
- **Aquarellfarben**
  Zitronengelb, Reingelb, Indischgelb, Bergblau, Ultramarin, Magenta, Krapplack dunkel
- **Pinsel**
  Rundpinsel Nr. 20
  Schrägpinsel
  Linierer
- **Bleistift**
- **Sprühflasche**
  mit Wasser

Kombinieren Sie Blumen und Blüten zu einem duftigen Frühlingsstrauß in einer besonderen Vase.

1 Tauchen Sie den Bleistift in wässriges Bergblau und zeichnen Sie damit die kantige Vase. Schattieren Sie diese mit dem Schrägpinsel und Bergblau.

2 Umranden Sie die Form der kleinen Margeriten teils mit Bergblau, teils mit Zitronengelb. Spritzen Sie mit dem Rundpinsel etwas Zitronengelb in den Hintergrund und besprühen Sie alles vorsichtig mit Wasser. Das Weiß der Margeriten soll frei bleiben.

3 Malen Sie mit dem Rundpinsel lockere Blütenformen in Bergblau oder Magenta passend zu den Margeriten. Sprühen Sie leicht Wasser darüber. Nach dem Trocknen malen Sie in die Mitte der Margeriten Punkte in Zitronengelb, Reingelb, Indischgelb oder Maigrün. Verstärken Sie die magentafarbenen Blütenrispen mit Krapplack dunkel. Ziehen Sie mit dem Linierer und Maigrün passende Stängel zu allen Blüten. Mischen Sie Maigrün mit etwas Grünoliv und malen Sie kleine Blätter und dunklere Stängel.

4 Mischen Sie Grünoliv mit Ultramarin und hinterlegen Sie einige Blüten mit diesem sehr dunklen Grünton. Malen Sie die Schattenseite rechts des Bildes mit dem Rundpinsel und Ultramarin und sprühen Sie etwas Wasser darauf. Verstärken Sie die linke Seite des Bildes mit Zitronengelb.

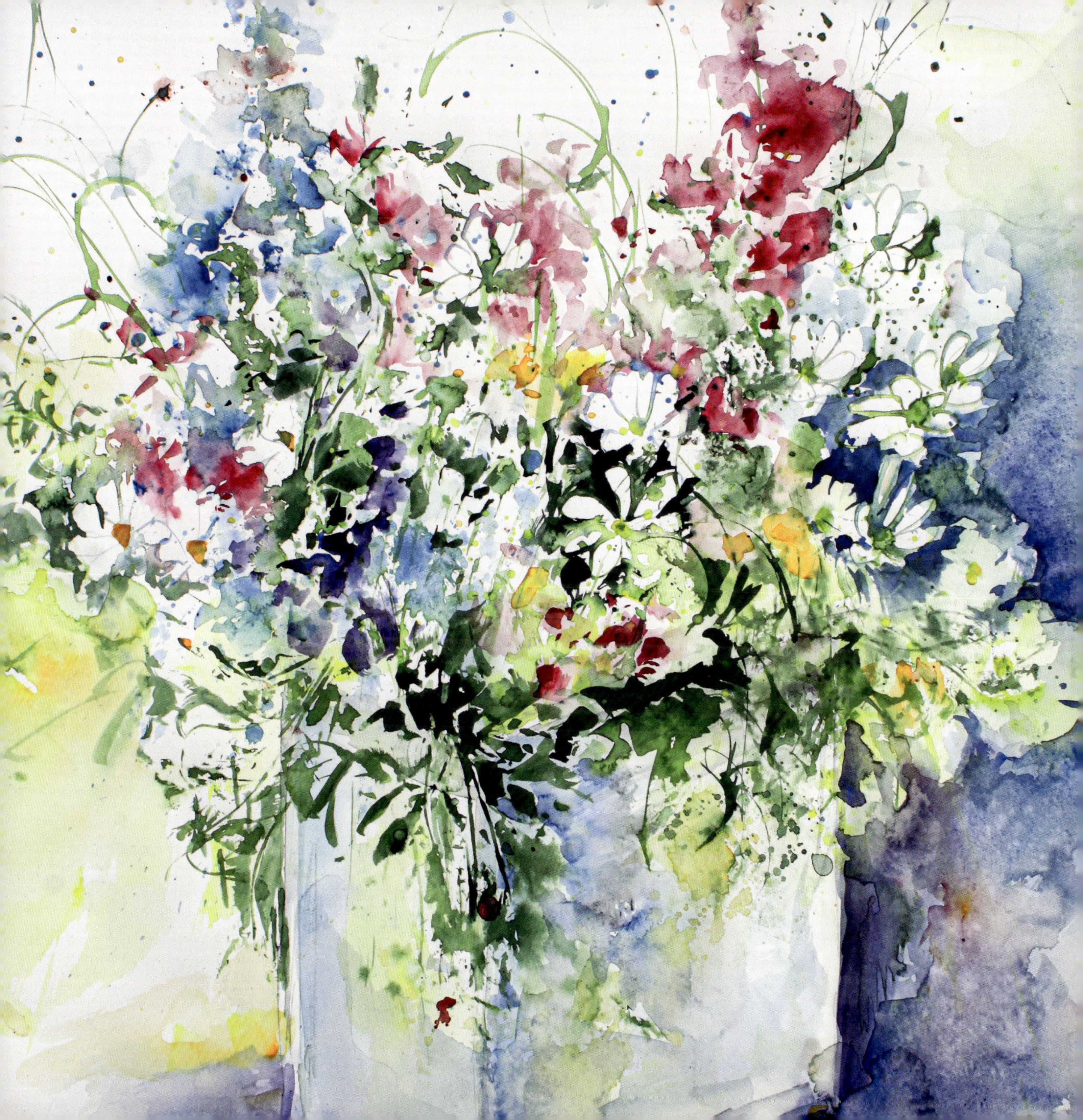

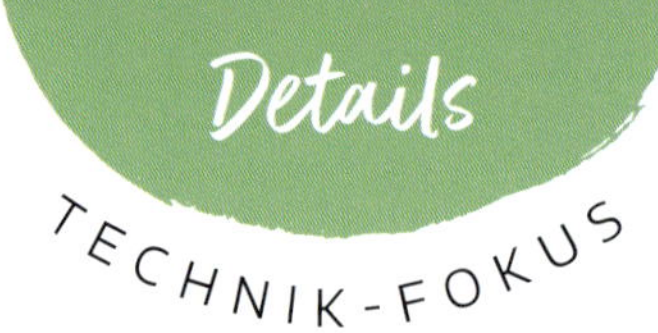

Der Sommer ist nahe – MOHN & LÖWENZAHN

  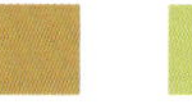 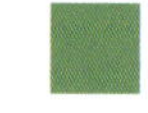

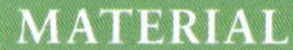

MATERIAL

- **Aquarellpapier**
  Oberfläche satiniert 300 g/qm
- **Aquarellfarben**
  Zitronengelb, Reingelb, Indischgelb, Lasurorange, Permanentrot orange, Permanentrot, Schwarz, Maigrün, Grünoliv
- **Pinsel**
  Rundpinsel Nr. 20
  Schrägpinsel
  Linierer
  grober Borstenpinsel
- **Sprühflasche**
  mit Wasser

Harmonisches Duett mit Löwenzahnblättern, die auf dem Papier mit Farbe aufgedruckt werden.

1 Positionieren Sie mit dem Schrägpinsel und Lasurorange die Mohnblüten. Spritzen Sie mit dem Rundpinsel und Zitronengelb den Hintergrund, die Fläche für den Löwenzahn sollte stärker hervortreten. Sprühen Sie leicht Wasser darüber.

2 Gut trocknen lassen. Verstärken Sie nun mit Permanentrot orange die Mohnblumen, wieder kurz trocknen lassen. Nun formen Sie mit dem Schrägpinsel und Permanentrot die endgültige Form der Mohnblüten. Mischen Sie Maigrün mit etwas Grünoliv und formen Sie die untere Seite der einzelnen Löwenzahnblüten. Bemalen Sie ein Löwenzahnblatt ebenfalls mit dieser Farbmischung und drucken Sie es da und dort auf das Bild. Verstärken Sie mit Reingelb und Indischgelb die Blütenblätter der Löwenzahnblüten.

3 Malen Sie mit dem Linierer und Maigrün die Stängel der Mohnblumen, ziehen Sie auch einige Gräser durch das Bild. Schattieren Sie die hellgrünen Blätter und Stängel mit dem dunkleren Grünoliv.

4 Tupfen Sie mit dem Zeigefinger etwas Schwarz in die Mitte der Mohnblumen und heben Sie mit dem Schrägpinsel und Maigrün die Mohnkapsel hervor. Spritzen Sie mit dem Borstenpinsel und Schwarz vorsichtig die feinen Staubgefäße.

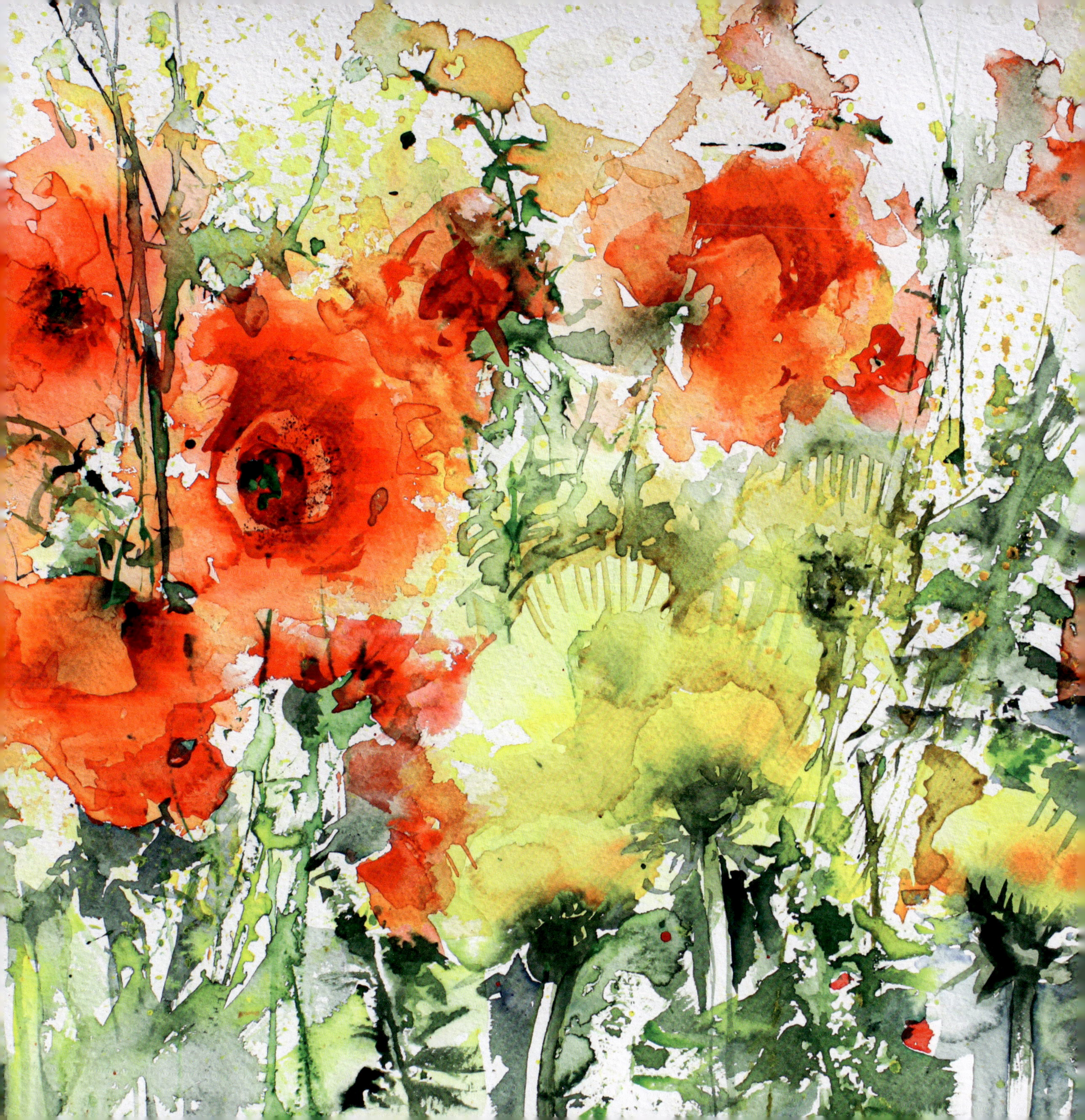

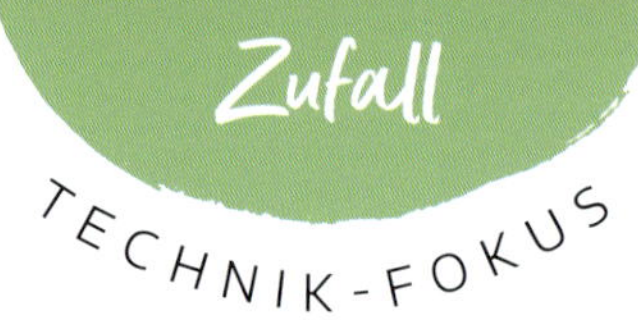

LINDE

im Frühlingslicht

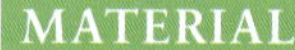

MATERIAL

- **Aquarellpapier**
  Oberfläche Feinkorn 300 g/qm
- **Aquarellfarben**
  Zitronengelb, Reingelb, Lasurorange, Maigrün, Grünoliv, Vandyckbraun, Bergblau
- **Pinsel**
  Rundpinsel Nr. 20
  Schrägpinsel
  Linierer
  grober Borstenpinsel
- **Sprühflasche**
  mit Wasser

Die kräftigen Strahlen der Frühlingssonne lassen die kräftige Linde wiedererwachen.

1 Formen Sie mit dem Schrägpinsel und verdünntem Vandyckbraun den Baumstamm. Spritzen Sie mit dem Borstenpinsel Zitronengelb für die Blätter, lassen Sie hier und da kleine weiße Stellen frei. Sprühen Sie mit der Sprühflasche leicht Wasser darüber.

2 Malen Sie mit dem Schrägpinsel und Zitronengelb die Wiese unter der Linde.

3 Wenn die zitronengelben Flächen für die Blätter etwas angetrocknet sind, spritzen Sie stellenweise Reingelb darauf, sprühen Sie etwas Wasser darüber. Wieder kurz trocknen lassen, dann werden einige Stellen mit verdünntem Lasurorange hervorgehoben.

4 Nach dem Trocknen spritzen Sie Maigrün sowie da und dort Grünoliv in das Blätterkleid, sprühen Sie anschließend etwas Wasser darüber.

5 Auch die Wiese wird mit Grüntönen verstärkt. Spritzen Sie mit dem Rundpinsel noch einige Tropfen Lasurorange darauf.

6 Malen Sie mit dem Rundpinsel und Bergblau die Schatten unter den Baum. Befeuchten Sie den Himmel mit Wasser und lassen Sie verdünntes Bergblau einfließen. Dann verstärken Sie mit dem Schrägpinsel und Vandyckbraun den Baumstamm und ergänzen Äste.

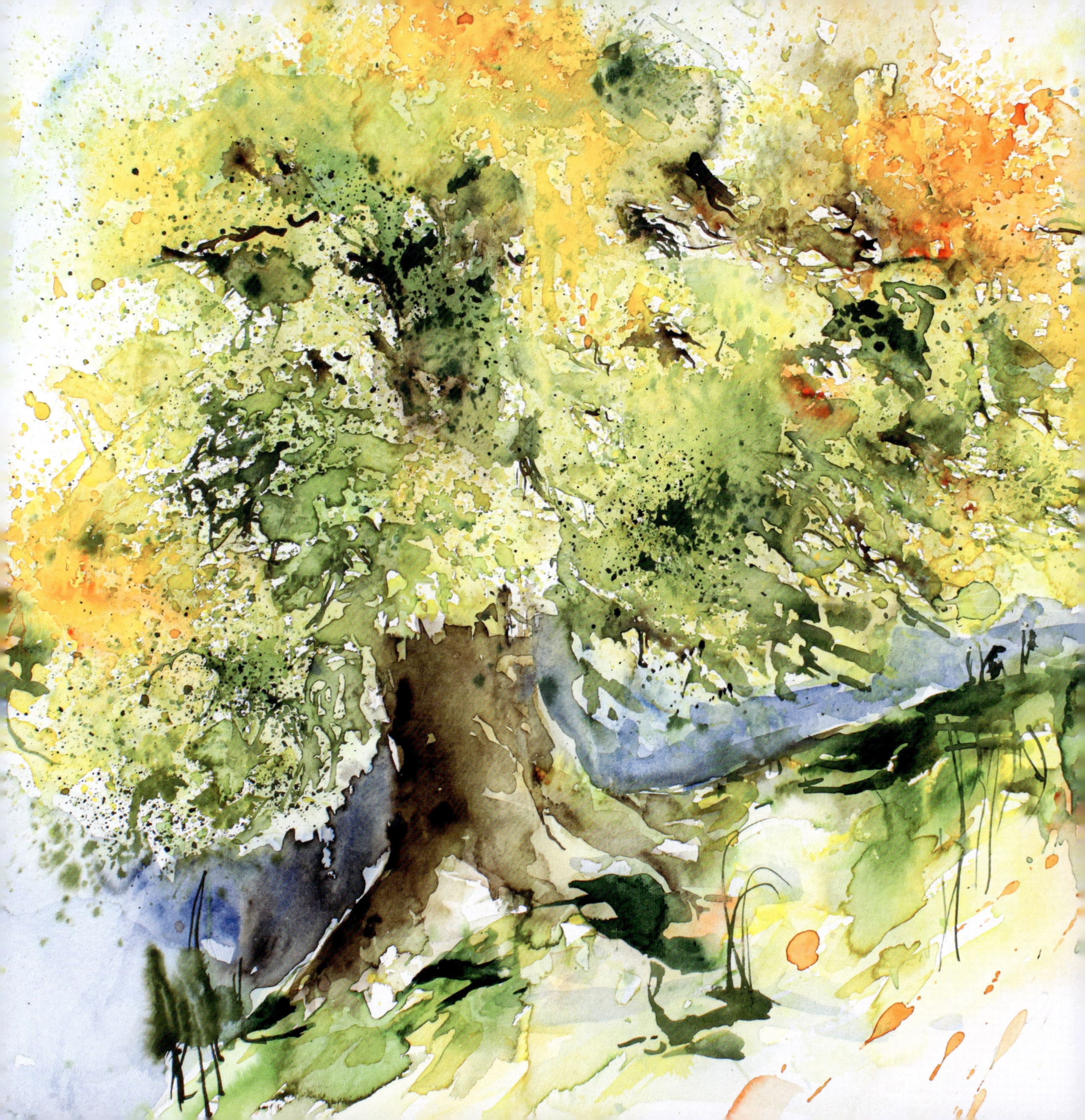

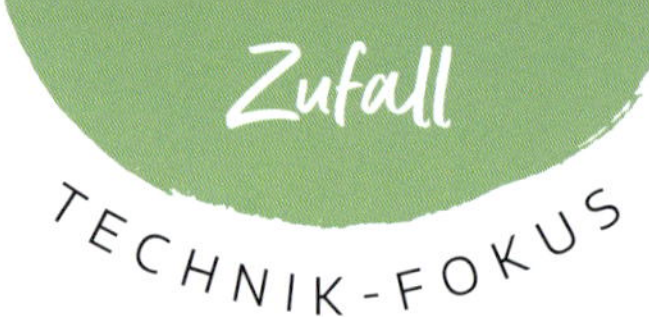

APFELBAUM in voller Blüte

MATERIAL

- **Aquarellpapier**
  Oberfläche Feinkorn 300 g/qm
- **Aquarellfarben**
  Zitronengelb, Reingelb, Krapplack rosa, Maigrün, Grünoliv, Ultramarin, Bergblau, Vandyckbraun
- **Pinsel**
  Rundpinsel Nr. 20
  Schrägpinsel
  grober Borstenpinsel
  Linierer
- **Sprühflasche**
  mit Wasser

Ein Überfluss an zarten Blüten lässt im Frühling den alten Apfelbaum erstrahlen.

1. Formen Sie mit dem Schrägpinsel und wässrigem Bergblau den Baumstamm. Kurz trocknen lassen.

2. Spritzen Sie als ersten Farbauftrag mit dem Borstenpinsel Krapplack rosa für die angedeuteten Blüten und Zitronengelb für das Blätterdach. Kurz trocknen lassen. Dann spritzen Sie Maigrün und stellenweise Grünoliv, wieder etwas Wasser darübersprühen. Mischen Sie Vandyckbraun mit etwas Ultramarin und verstärken Sie damit die Rinde des Baumes.

3. Ziehen Sie mit dem Linierer einige Äste mit Grünoliv durch die Baumkrone. Malen Sie mit dem Rundpinsel den Himmel mit Ultramarin, sprühen Sie etwas Wasser darüber.

4. Malen Sie die Wiese mit Zitronengelb und etwas Reingelb, verstärken Sie die Schatten unter dem Baum mit Ultramarin, malen Sie auch in die Wiese einige dunkelgrüne Stellen und sprühen Sie anschließend leicht Wasser darüber.

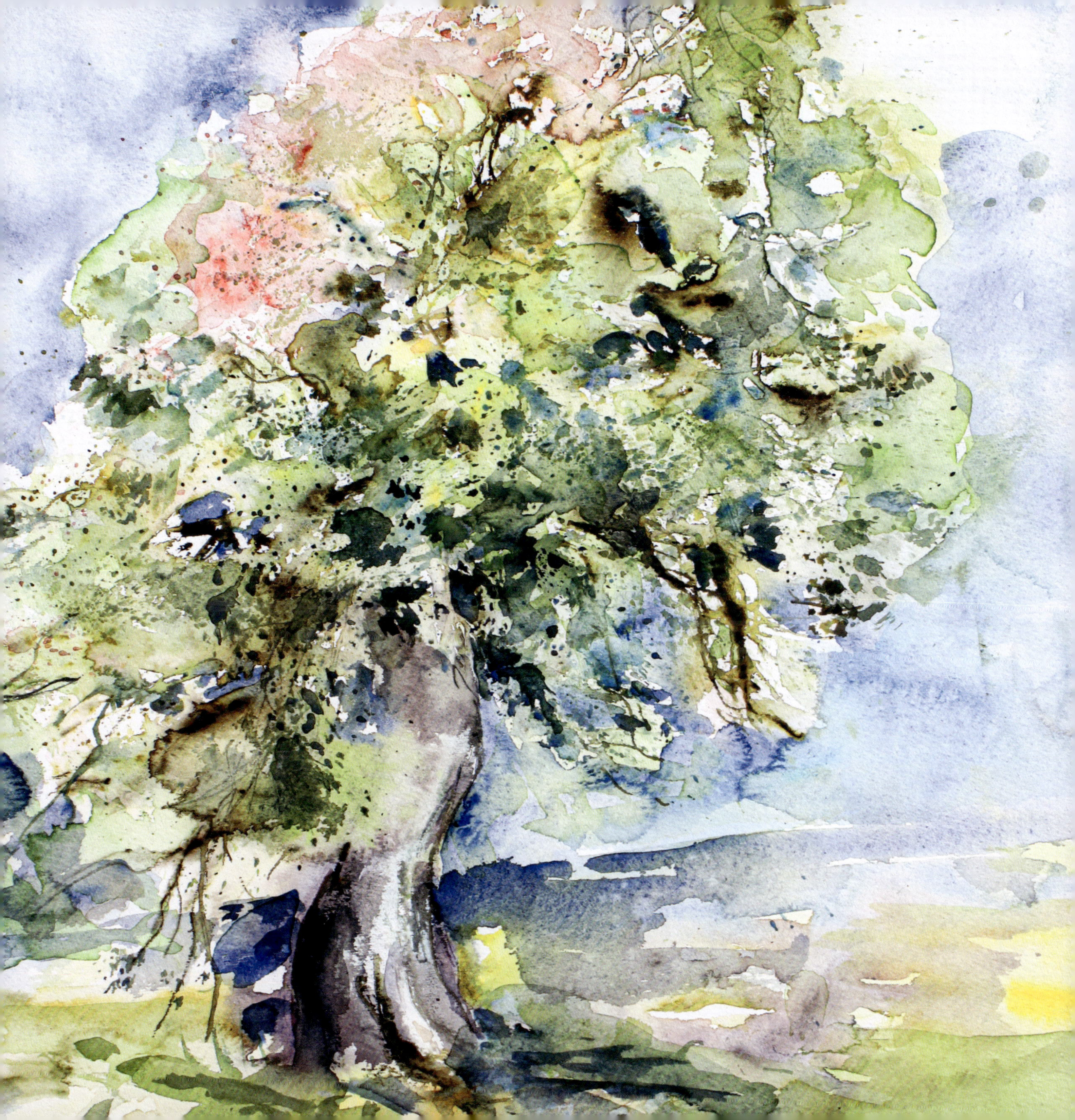

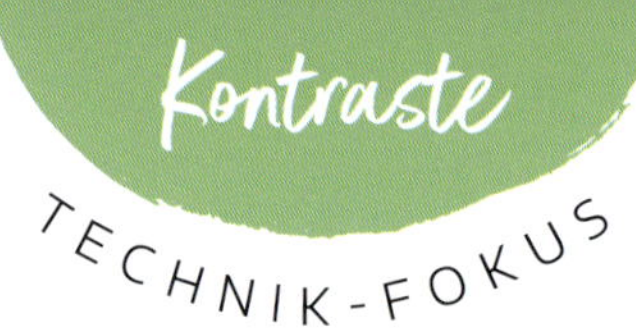

Sonnendurchfluteter FRÜHLINGSWALD

MATERIAL

- **Aquarellpapier**
  Oberfläche satiniert 300 g/qm
- **Aquarellfarben**
  Zitronengelb, Reingelb, Indischgelb, Bergblau, Ultramarin, Heliotürkis, Maigrün, Grünoliv, Vandyckbraun
- **Pinsel**
  Rundpinsel Nr. 20
  Schrägpinsel
  Schlepper
  grober Borstenpinsel
- **Sprühflasche**
  mit Wasser

Noch ist die Sonne nicht so intensiv, die Farben des Waldes sind hell und zart.

1. Formen Sie mit dem Schrägpinsel und Bergblau den Baumstamm der großen Birke. Spritzen Sie mit dem Borstenpinsel im oberen Bereich Bergblau, im unteren Zitronengelb. Sprühen Sie etwas Wasser darauf. Verstärken Sie den großen Baumstamm mit Vandyckbraun. Kurz trocknen lassen, dann spritzen Sie nochmals Bergblau und etwas Maigrün in das obere Blätterdach, besprühen Sie diese Stellen leicht mit Wasser und drehen Sie das Papier, damit sich die Farben vermischen.

2. Spritzen Sie ebenfalls Reingelb und stellenweise Indischgelb für den sonnigen Effekt in die hellgelbe Fläche, sprühen Sie leicht Wasser darüber. Kurz antrocknen lassen, dann spritzen Sie Maigrün darüber. Wieder kurz trocknen. Mischen Sie Grünoliv mit Ultramarin und spritzen Sie damit die dunklen Schattenstellen. Spritzen Sie leicht Wasser darüber und drehen Sie das Papier, damit sich die dunkle Farbe gut verteilt.

3. Malen Sie mit dem Schrägpinsel und einem wässrigen Vandyckbraun die drei Baumstämme rechts im Bild.

4. Ziehen Sie mit dem Linierer noch einige grüne Ästchen durch das Laub. Spritzen Sie hier und da mit dem Rundpinsel einige grobe Farbspritzer in Türkis und Indischgelb ins Bild.

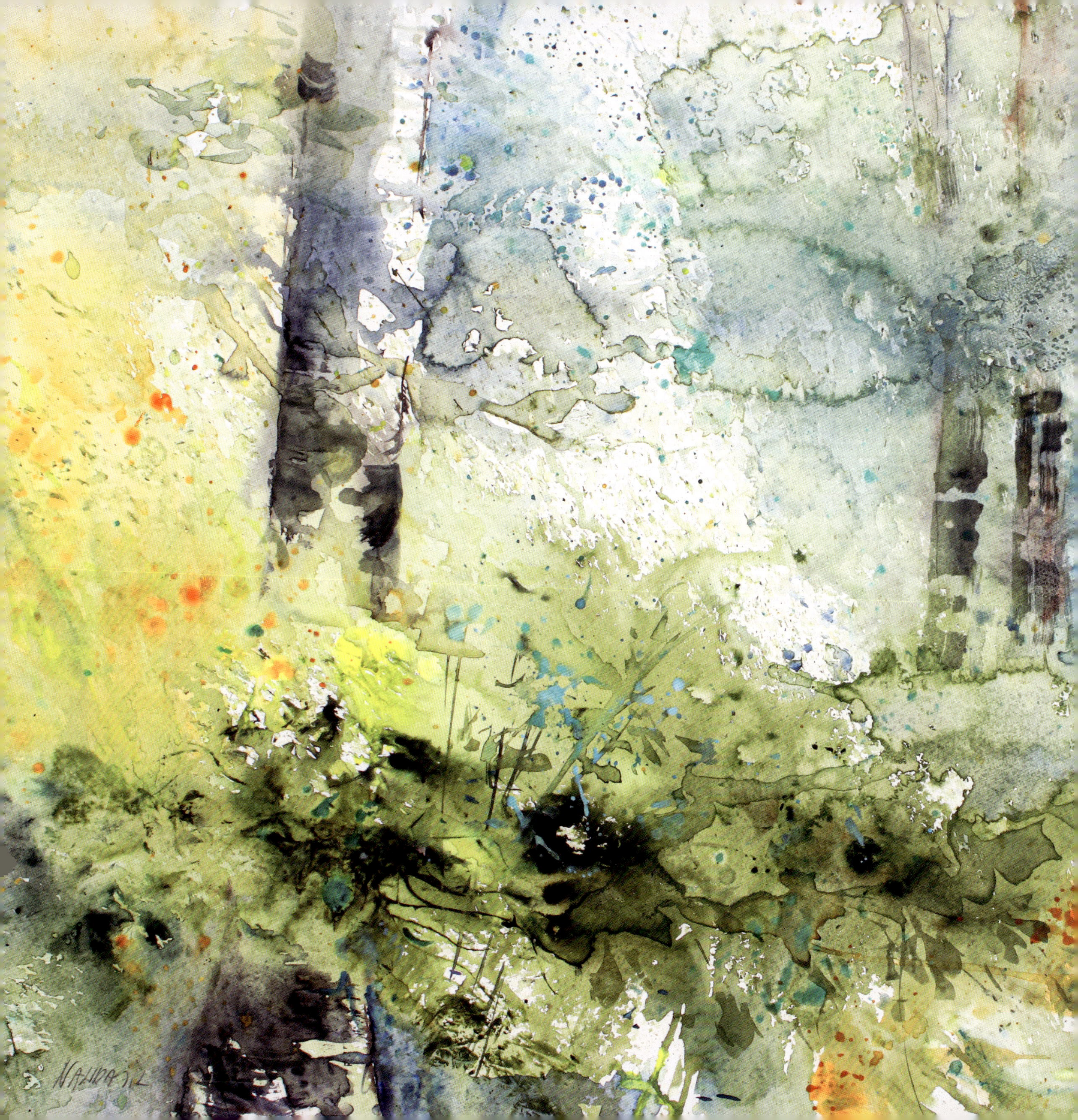

BLÜTENFÜLLE im Frühling

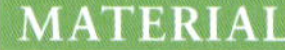

MATERIAL

- **Aquarellpapier**
  Oberfläche satiniert 600 g/qm
- **Aquarellfarben**
  Zitronengelb, Reingelb, Indischgelb, Magenta, Krapplack rosa, Ultramarin, Kobalttürkis, Maigrün, Grünoliv, Vandyckbraun
- **Pinsel**
  Rundpinsel Nr. 20
  Schrägpinsel
  Linierer
- **Sprühflasche**
  mit Wasser

Noch unbelaubt, jedoch voll Knospen und riesiger Blüten wächst die Magnolie in den Himmel empor.

1 Formen Sie mit dem Schrägpinsel und Krapplack rosa die Blüten der Magnolie. Lassen Sie viele Stellen der Blütenblätter weiß stehen. Hinterlegen Sie diese weißen Stellen mit Zitronengelb oder Maigrün.

2 Formen Sie mit dem Schrägpinsel und Maigrün das Blattwerk rund um die Blüten.

3 Malen Sie mit Grünoliv einige Schatten in die Blätter. Ziehen Sie mit dem Linierer und Vandyckbraun einige grobe Äste durch das Bild.

4 Hinterlegen Sie die hellen Blätter mit Grünoliv und Ultramarin. Malen Sie auch einige Akzente mit Kobalttürkis. Sprühen Sie leicht Wasser darüber.

5 Heben Sie das Innere der Magnolienblüten mit einer Mischung aus Krapplack rosa und Magenta hervor. Die Staubgefäße malen Sie mit Zitronengelb und Reingelb.

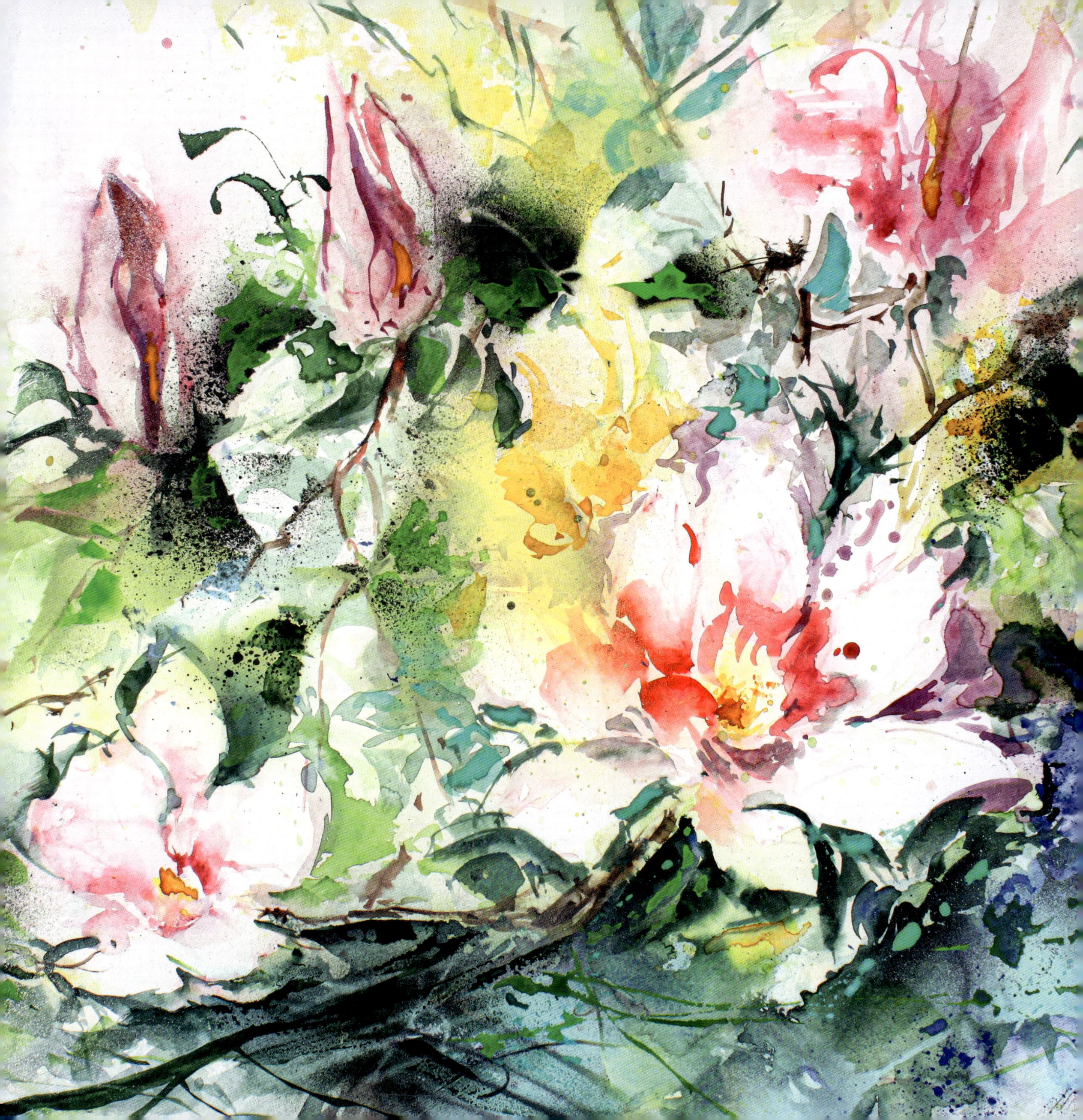

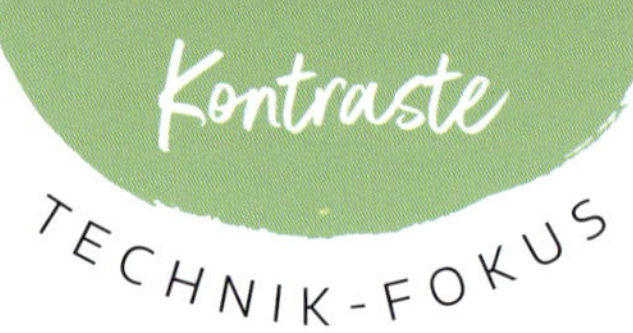

FRÜHLING *in den Bergen*

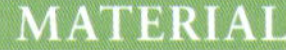

MATERIAL

- **Aquarellpapier**
  Oberfläche satiniert 600 g/qm
- **Aquarellfarben**
  Reingelb, Indischgelb, Bergblau, Ultramarin Sepia, Maigrün, Grünoliv
- **Pinsel**
  Rundpinsel Nr. 20
  Schrägpinsel
  Linierer
- **Maskierflüssigkeit**
- **Sprühflasche**
  mit Wasser

Noch weiße Bergspitzen, die warme Frühlingssonne jedoch lockt das erste zarte Grün hervor.

1 Vermischen Sie das Maskiermittel mit etwas Wasser und decken Sie mit einem alten Pinsel einen großen Teil des Berges ab.

2 Zeichnen Sie die Konturen des Baumstammes mit wässrigem Bergblau und malen Sie sofort den Hintergrund mit Ultramarin oder Grünoliv. Der Baumstamm bleibt weiß.

3 Lassen Sie das Bild gut trocknen. Spritzen Sie mit dem Rundpinsel Bergblau über die Bergfläche und spritzen Sie Wasser darauf. Malen Sie in einigen Bereichen mit Sepia und Ultramarin dunkle Stellen.

4 Gut trocknen lassen. Rubbeln Sie das Maskiermittel wieder ab. Malen Sie mit dem Rundpinsel und verdünntem Bergblau eine Lasur über die weißen Stellen. Trocknen lassen.

5 Verstärken Sie die Schatten in den Felsen mit Ultramarin, Grünoliv oder Sepia. Schattieren Sie einige Stellen mit Maigrün. Malen Sie mit unverdünntem Maigrün und dem Schrägpinsel die Blätter des Baumes. Deuten Sie mit dem Linierer und Sepia Äste an.

6 Malen Sie mit dem Rundpinsel und Reingelb rechts oben den gelben, links mit Ultramarin den dunkleren Himmel. Nach dem Trocknen malen Sie mit wässrigem Ultramarin Schleierwolken in die gelbe Fläche.

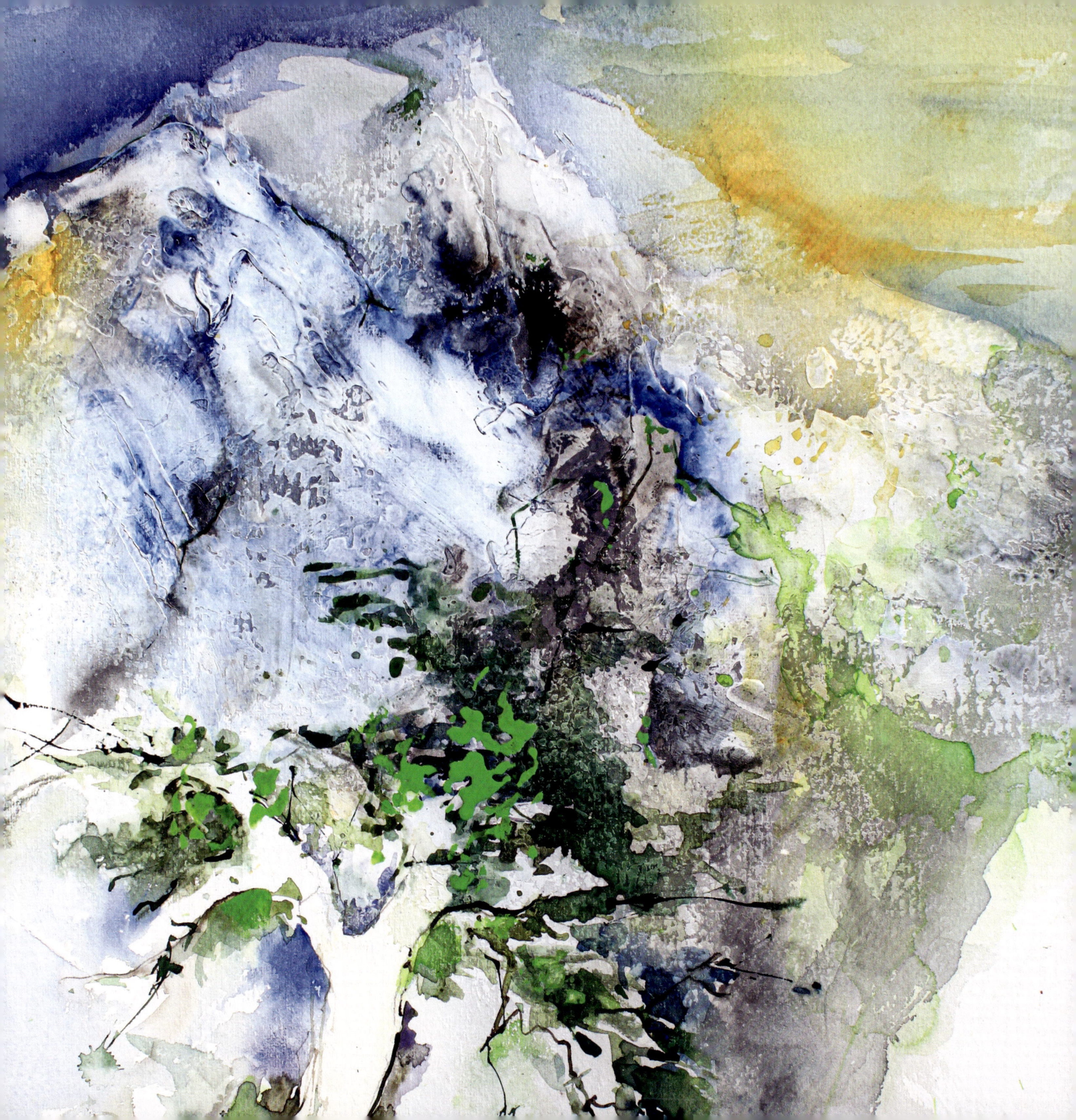

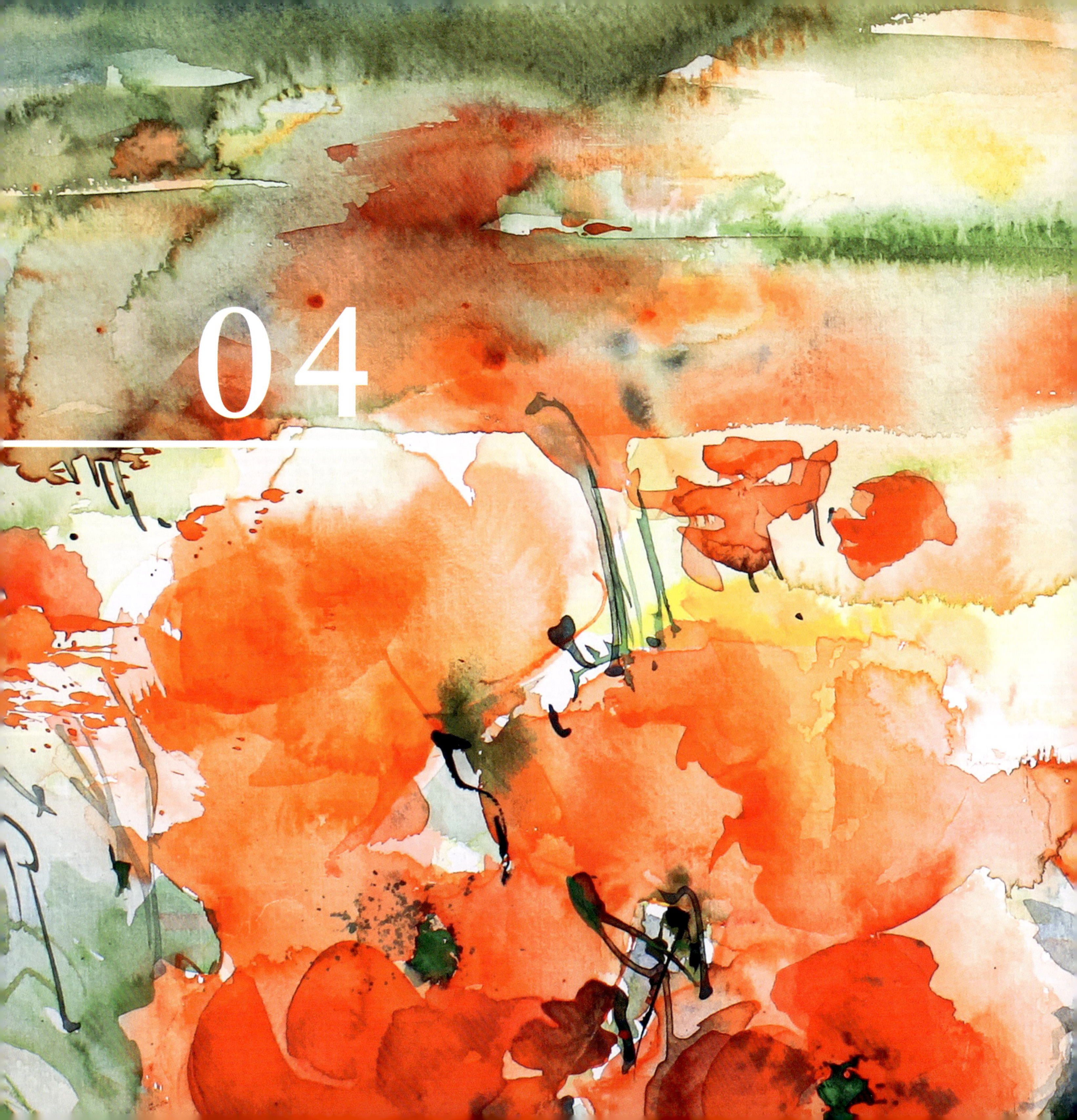
04

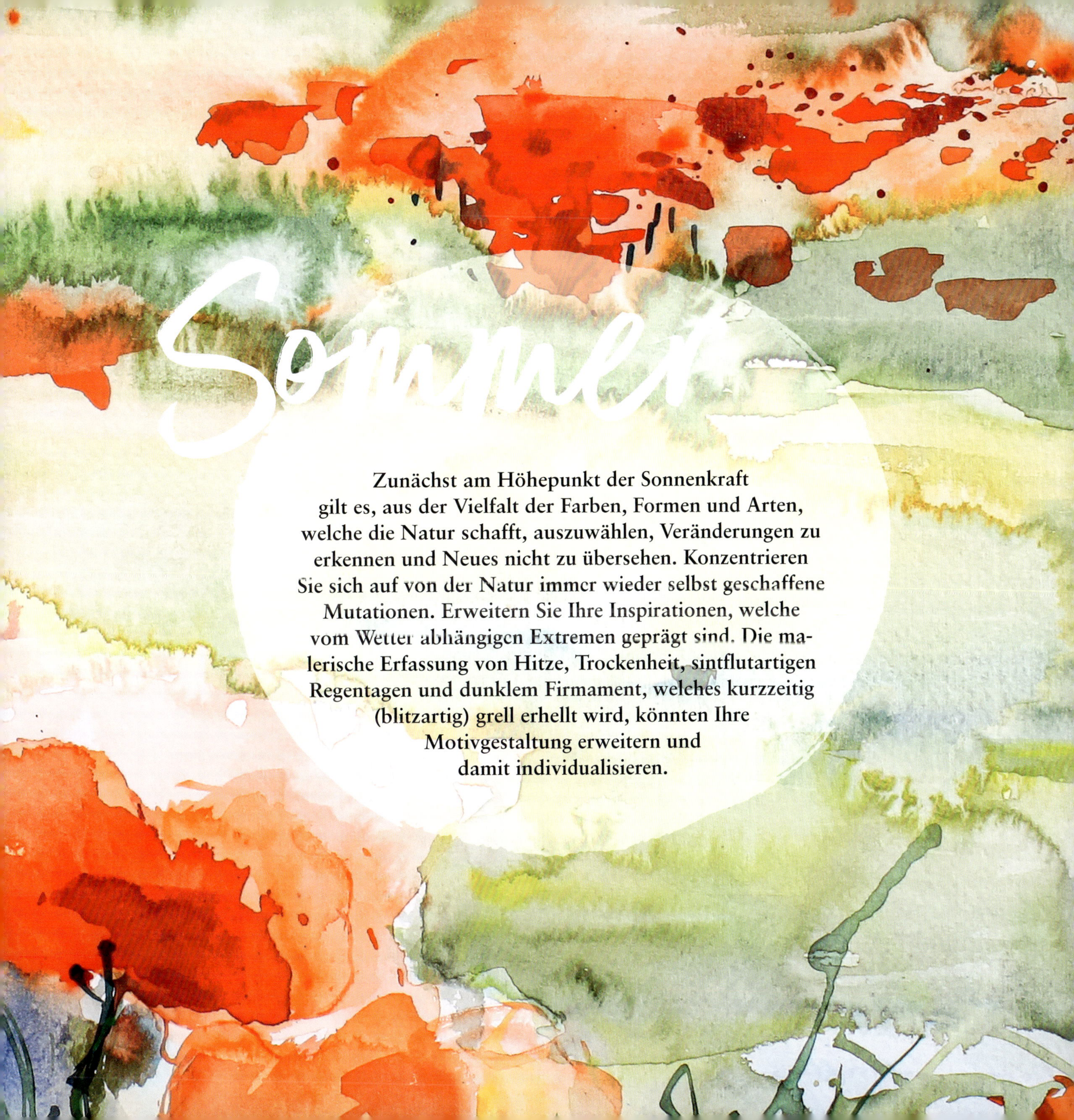

Sommer

Zunächst am Höhepunkt der Sonnenkraft gilt es, aus der Vielfalt der Farben, Formen und Arten, welche die Natur schafft, auszuwählen, Veränderungen zu erkennen und Neues nicht zu übersehen. Konzentrieren Sie sich auf von der Natur immer wieder selbst geschaffene Mutationen. Erweitern Sie Ihre Inspirationen, welche vom Wetter abhängigen Extremen geprägt sind. Die malerische Erfassung von Hitze, Trockenheit, sintflutartigen Regentagen und dunklem Firmament, welches kurzzeitig (blitzartig) grell erhellt wird, könnten Ihre Motivgestaltung erweitern und damit individualisieren.

Schattige WÄLDER

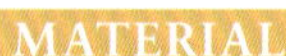

MATERIAL

- **Aquarellpapier**
  Oberfläche Feinkorn 300 g/qm
- **Aquarellfarben**
  Zitronengelb, Indischgelb, Maigrün, Grünoliv, Ultramarin, Vandyckbraun, Lasurbraun, Indigo
- **Pinsel**
  Rundpinsel Nr. 20
  Schrägpinsel
  Linierer
  grober Borstenpinsel
- **Sprühflasche**
  mit Wasser

Grüntöne bestimmen die Farbe der Blätter, die Sonne glitzert hindurch.

1. Formen Sie mit dem Schrägpinsel und Lasurbraun den Baumstamm. Spritzen Sie mit dem Borstenpinsel und Zitronengelb das Laub des Baumes und sprühen Sie leicht Wasser darüber. Kurz trocknen lassen.
2. Spritzen Sie Maigrün in die gelbe Fläche und drehen Sie das Papier, damit sich die grüne Farbe besser verteilen kann. Kurz trocknen lassen.
3. Spritzen Sie Grünoliv in das Blattwerk und besprühen es wieder leicht mit Wasser.
4. Malen Sie den Hintergrund mit wässrigem Ultramarin. Spritzen Sie mit dem Rundpinsel einige grobe Farbspitzer mit Indischgelb auf die Blätter, lassen Sie diese Farbe auch in den Baumstamm tropfen.
5. Mischen Sie Vandyckbraun mit etwas Indigo und verstärken Sie mit dem Schrägpinsel den Baumstamm und die Äste. Ziehen Sie mit dem Linierer und dieser Farbe einige vertrocknete Äste durch die Blätter.
6. Deuten Sie links mit dem Rundpinsel und Vandyckbraun einen Baumstumpf an. Mischen Sie Ultramarin mit etwas Indigo und malen Sie damit die tiefen Schatten.

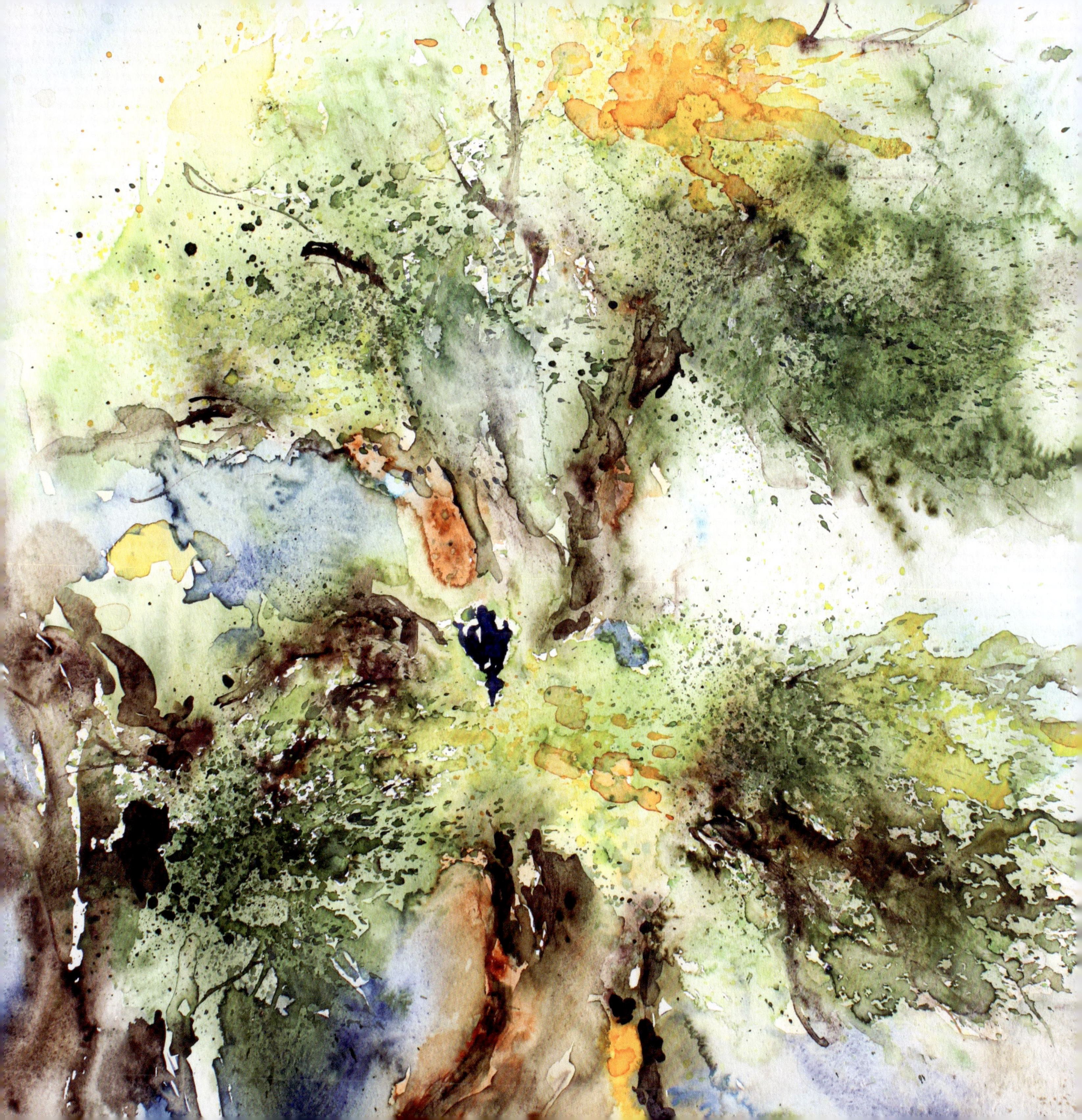

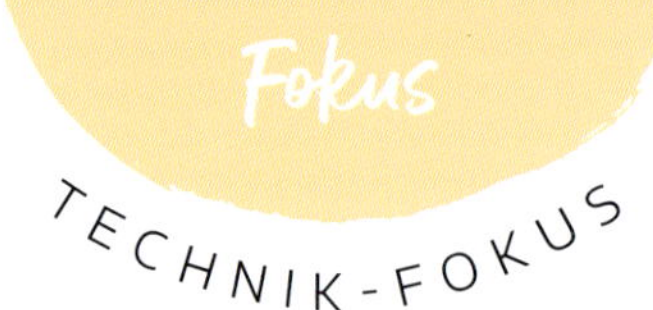

Frühsommerwiese AM WALDESRAND

 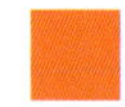  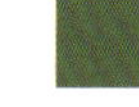

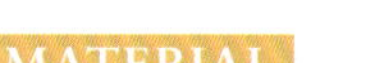

- **Aquarellpapier**
  Oberfläche Feinkorn 300 g/qm
- **Aquarellfarben**
  Zitronengelb, Reingelb, Bergblau, Ultramarin, Indigo, Maigrün, Grünoliv, Ultramarinviolett
- **Pinsel**
  Rundpinsel Nr. 20
  Schrägpinsel
  Linierer
  grober Borstenpinsel
- **Kreppband**
  3 cm
  2 cm
- **Sprühflasche**
  mit Wasser

Feuerrot leuchtet die Blumenwiese vor dem dunklen Waldesrand.

1 Decken Sie mit dem Kreppband 3 cm den Stamm der großen Birke ab, mit 2 cm die beiden anderen Stämme.

2 Spritzen Sie mit dem Borstenpinsel Bergblau über die Stämme, sprühen Sie Wasser darauf und drehen das Papier, damit sich die Farbe verteilt. Spritzen Sie stellenweise Ultramarin darauf. Ziehen Sie die Kreppbänder ab und malen Sie mit dem trockenen Schrägpinsel und Indigo die Rinde der Birken. Der noch nasse ultramarinfarbene Hintergrund fließt teilweise in die Stämme.

3 Spritzen Sie mit dem Rundpinsel und Ultramarinviolett die Form für die Blütenrispen. Für die Wiese spritzen Sie Zitronengelb und besprühen alles mit Wasser. Ziehen Sie mit dem Linierer und Maigrün Gräser und Stängel in das Bild, spritzen Sie stellenweise Grünoliv darauf und besprühen Sie alles leicht mit Wasser. Trocknen lassen.

4 Malen Sie mit dem Schrägpinsel einige Blümchen in Magenta und verstärken Sie auch die ultramarinvioletten Blüten kräftig mit Farbe. Mischen Sie Ultramarin mit Indigo, malen Sie damit die dunklen Schatten zwischen den Bäumen. Ziehen Sie mit dem Linierer und Grünoliv Birkenäste über die Stämme. Sprühen Sie etwas Wasser darauf.

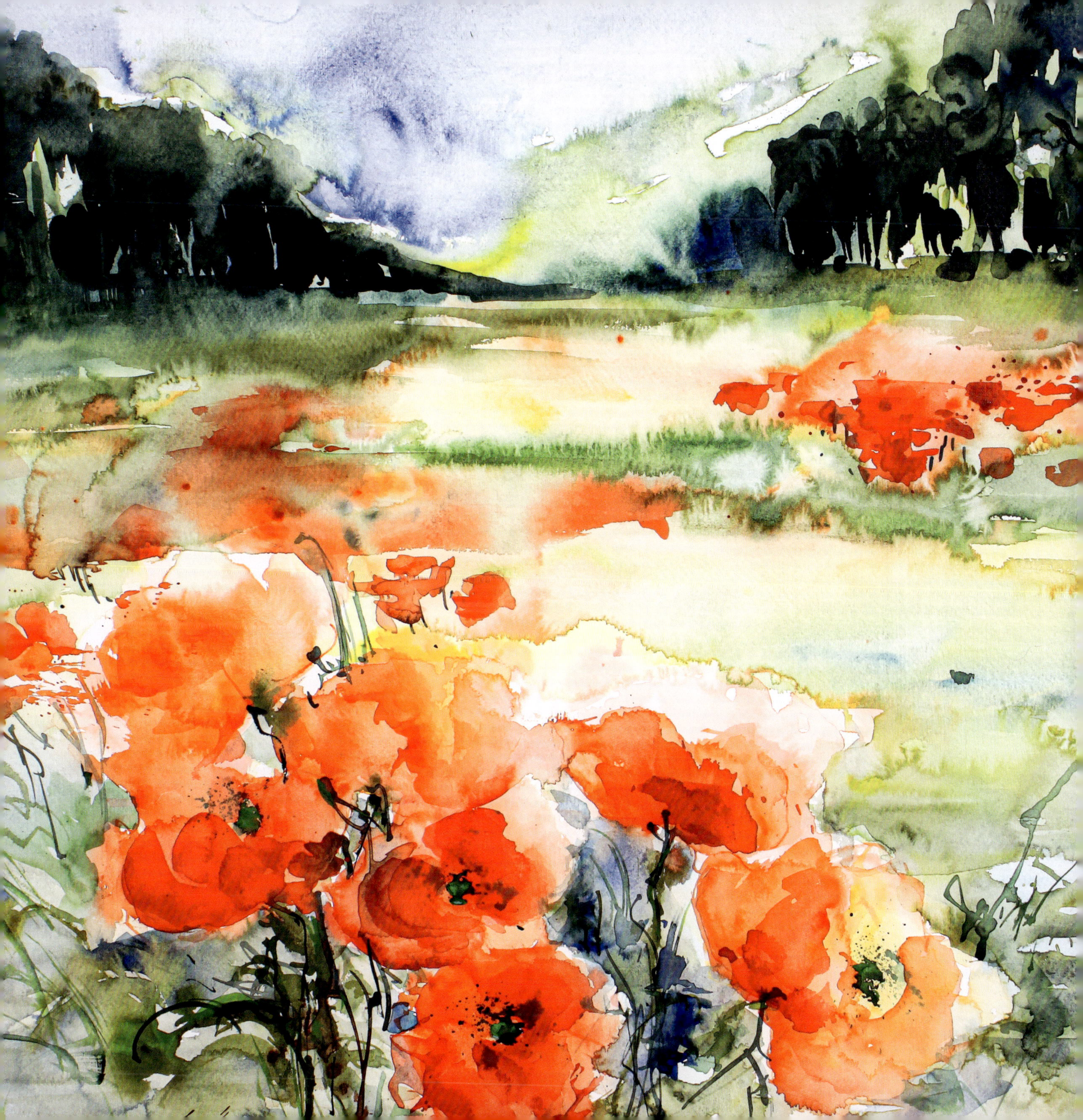

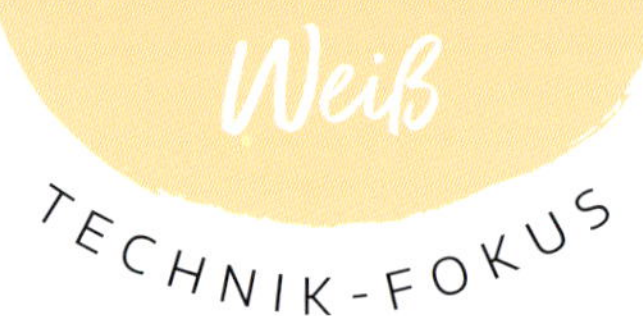

Sommer-HARMONIE

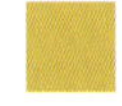 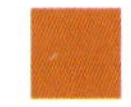 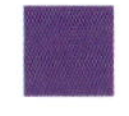  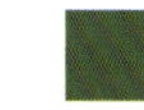

MATERIAL

- **Aquarellpapier**
  Oberfläche satiniert 600 g/qm
- **Aquarellfarben**
  Zitronengelb, Reingelb, Indischgelb, Bergblau, Ultramarin, Krapplack rosa, Maigrün, Grünoliv
- **Pinsel**
  Rundpinsel Nr. 20
  Schrägpinsel
  Linierer
- **Sprühflasche**
  mit Wasser

Kombinieren Sie sommerliche Blumen zu einem üppigen Strauß.

1 Malen Sie mit dem Schrägpinsel und Zitronengelb die Lilien. Zeichnen Sie mit dem Linierer und wässrigem Bergblau die Formen der Margeriten und hinterlegen Sie diese sofort mit einem kräftigen Bergblau, auch den Hintergrund der gelben Lilien malen Sie mit Bergblau. Sprühen Sie Wasser darüber. Trocknen lassen. Malen Sie in die Mitte der Margeriten Zitronengelb und etwas Reingelb. Schattieren Sie die Lilien ebenfalls mit Reingelb. Die Staubgefäße malen Sie mit Indischgelb. Spritzen Sie mit dem Rundpinsel und Bergblau die grobe Form eines Rittersporns. Ziehen Sie mit dem Linierer und Grünoliv den Stängel. Sprühen Sie leicht Wasser darauf. Verstärken Sie die kleinen Blüten des Rittersporns mit Krapplack rosa und Ultramarin.

2 Bestreichen Sie einige Blätter mit Zitronengelb und Maigrün und legen Sie diese passend zu den Blüten auf das Papier. Drücken Sie die Blätter fest an und malen Sie sofort den Hintergrund mit Grünoliv. So heben sich die Blattformen exakt ab. Ziehen Sie mit dem Schrägpinsel einige hellblaue und hellgrüne gröbere Stängel von unten hin zu den Blüten. Verstärken Sie den Hintergrund der Margeriten und Lilien mit Ultramarin und Grünoliv.

3 Setzen Sie mit Grünoliv Schatten zwischen die Stängel.

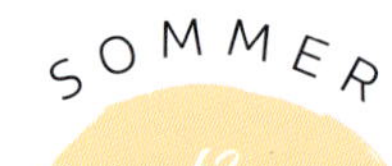

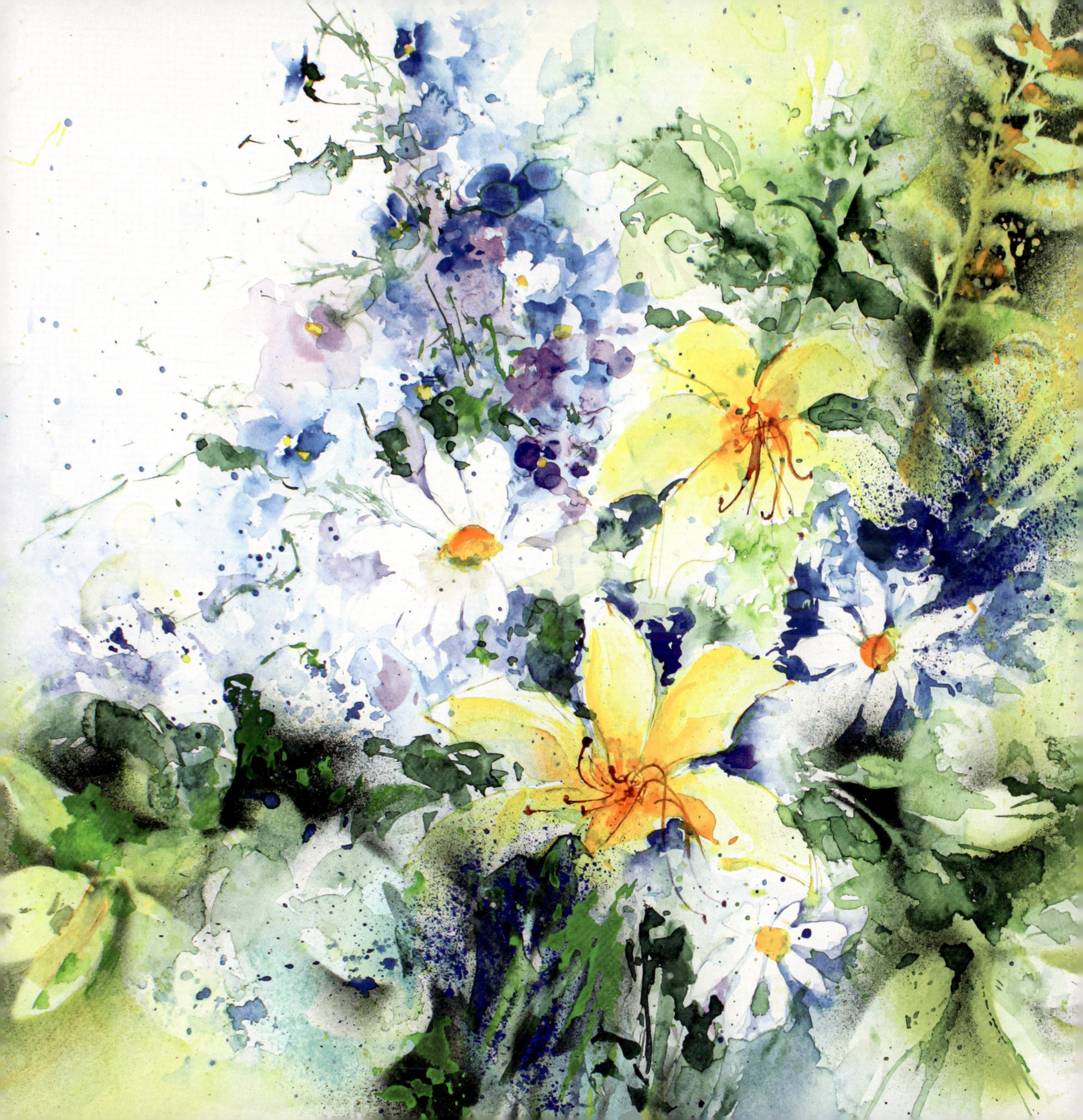

Unten am FLUSS

 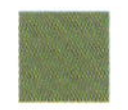 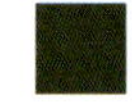 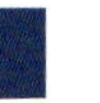 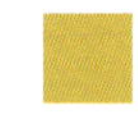

MATERIAL

- **Aquarellpapier**
  Oberfläche Feinkorn 300 g/qm
- **Aquarellfarben**
  Zitronengelb, Reingelb, Indischgelb, Maigrün, Grünoliv, Ultramarin, Ocker, Vandyckbraun
- **Pinsel**
  Rundpinsel Nr. 20
  Borstenpinsel
  Schrägpinsel
- **Sprühflasche**
  mit Wasser

Der weißblaue Himmel spiegelt sich im Fluss. Sonne durchflutet den alten Baum.

1 Formen Sie mit dem Schrägpinsel und Ocker den Baumstamm und die Äste.

2 Spritzen Sie mit dem Borstenpinsel Zitronengelb und stellenweise Reingelb und Indischgelb für die Blätter.

3 Sprühen Sie mit der Sprühflasche leicht Wasser darauf, damit sich die beiden Farben etwas vermischen können. Kurz antrocknen lassen, dann spritzen Sie mit dem Borstenpinsel da und dort Maigrün und Grünoliv auf die gelbe Fläche. Auch hier sprühen Sie leicht Wasser darüber.

4 Verstärken Sie die Baumrinde und auch einige Äste mit Vandyckbraun.

5 Malen Sie mit dem Rundpinsel und Ultramarin das Wasser und den Schatten unter dem Baum, deuten Sie mit verdünntem Ultramarin auch den Himmel an. Lassen Sie an einigen Stellen im Blätterdach den blauen Himmel durchscheinen.

6 Die Wiese darunter malen Sie mit Maigrün und Grünoliv. Lassen Sie etwas Indischgelb, Ocker und Vandyckbraun einfließen, damit sich hier die Farben vom Blätterdach wiederholen.

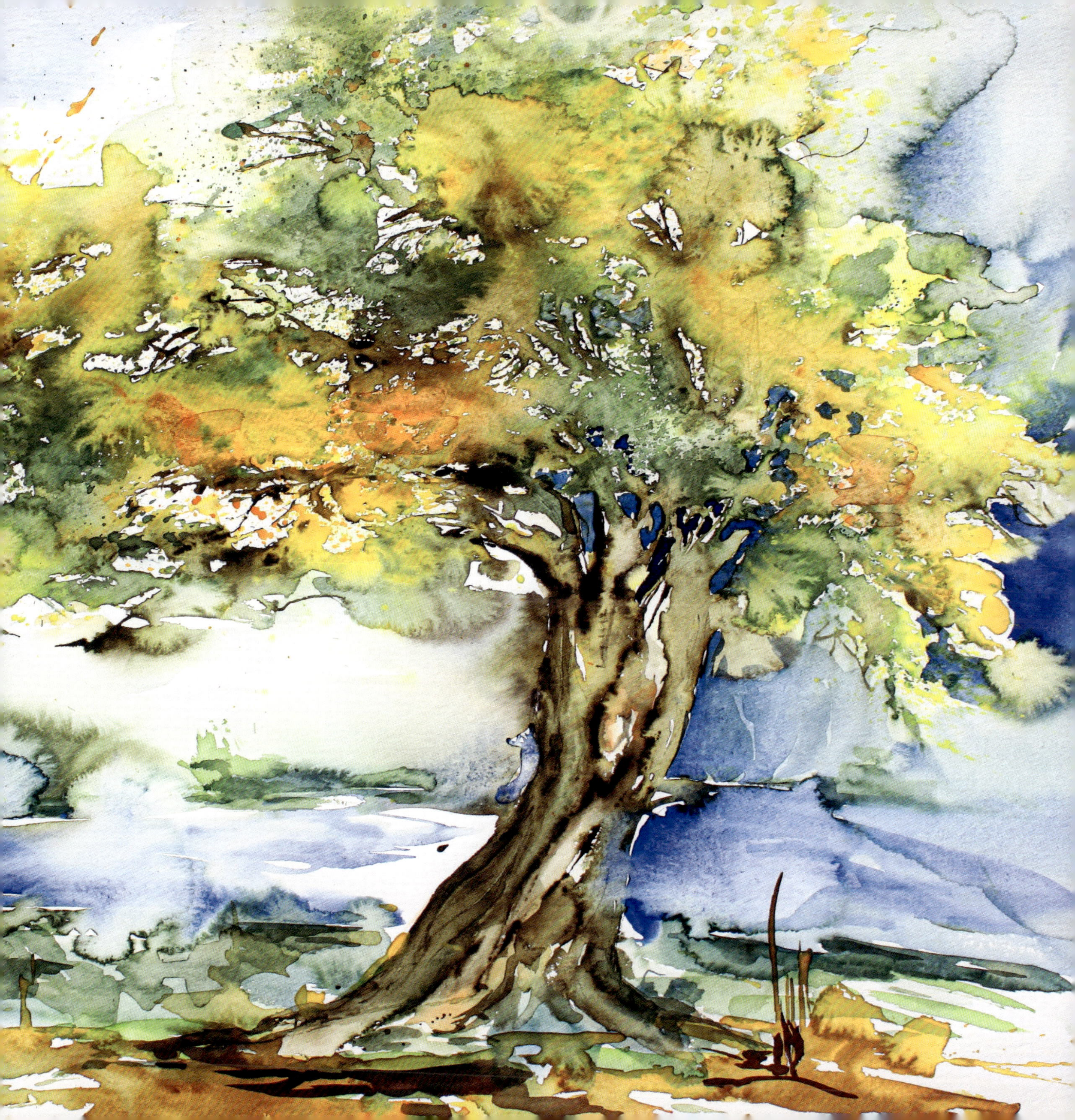

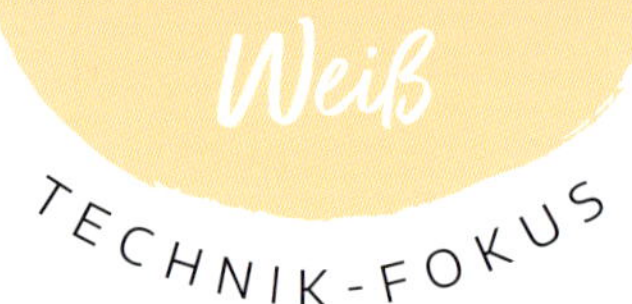

Margeriten-
STERNE

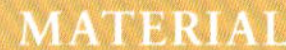

MATERIAL

- **Aquarellpapier**
  Oberfläche Feinkorn 300 g/qm
- **Aquarellfarben**
  Zitronengelb, Reingelb, Lasurorange, Bergblau, Ultramarin, Maigrün, Grünoliv, Vandyckbraun, Indigo
- **Pinsel**
  Rundpinsel Nr. 20
  Schrägpinsel
  Linierer
- **Sprühflasche**
  mit Wasser

Die weißen Blütensterne der Margeriten ziehen beim Spaziergang den Blick magisch auf sich.

1 Formen Sie mit dem Schrägpinsel und Zitronengelb die Mitte der größten Margerite. Zeichnen Sie mit dem Linierer und stark verdünntem Bergblau die Umrisse dieser ersten Blüte, anschließend positionieren Sie die weiteren Margeriten passend zur ersten. Formen Sie diese auf die gleiche Weise mit Bergblau und Zitronengelb. So erhalten Sie lockere Blütenblätter, ohne auf Bleistiftstriche achten zu müssen.

2 Nun hinterlegen Sie mit dem Schrägpinsel die Blüten mit kräftigem Bergblau und Zitronengelb. Besprühen Sie vorsichtig die Umrisse der Margeriten mit Wasser, damit sich die Farben verteilen können.

3 Lassen Sie diese erste Farbschicht antrocknen, dann verstärken Sie die hellblauen Stellen mit Ultramarin und Zitronengelb mit Reingelb. Tragen Sie auch auf das Innere der Blüten Reingelb und etwas Lasurorange auf und besprühen Sie diese leicht mit etwas Wasser. Trocknen lassen.

4 Mischen Sie Ultramarin mit Indigo und setzen Sie damit tiefe Schatten unter die Blütenblätter. Mischen Sie Maigrün mit etwas Grünoliv und lassen Sie diese Farbe teilweise in die gelben Stellen fließen. Mischen Sie Grünoliv mit etwas Ultramarin und deuten Sie mit dem Linierer Gräser an.

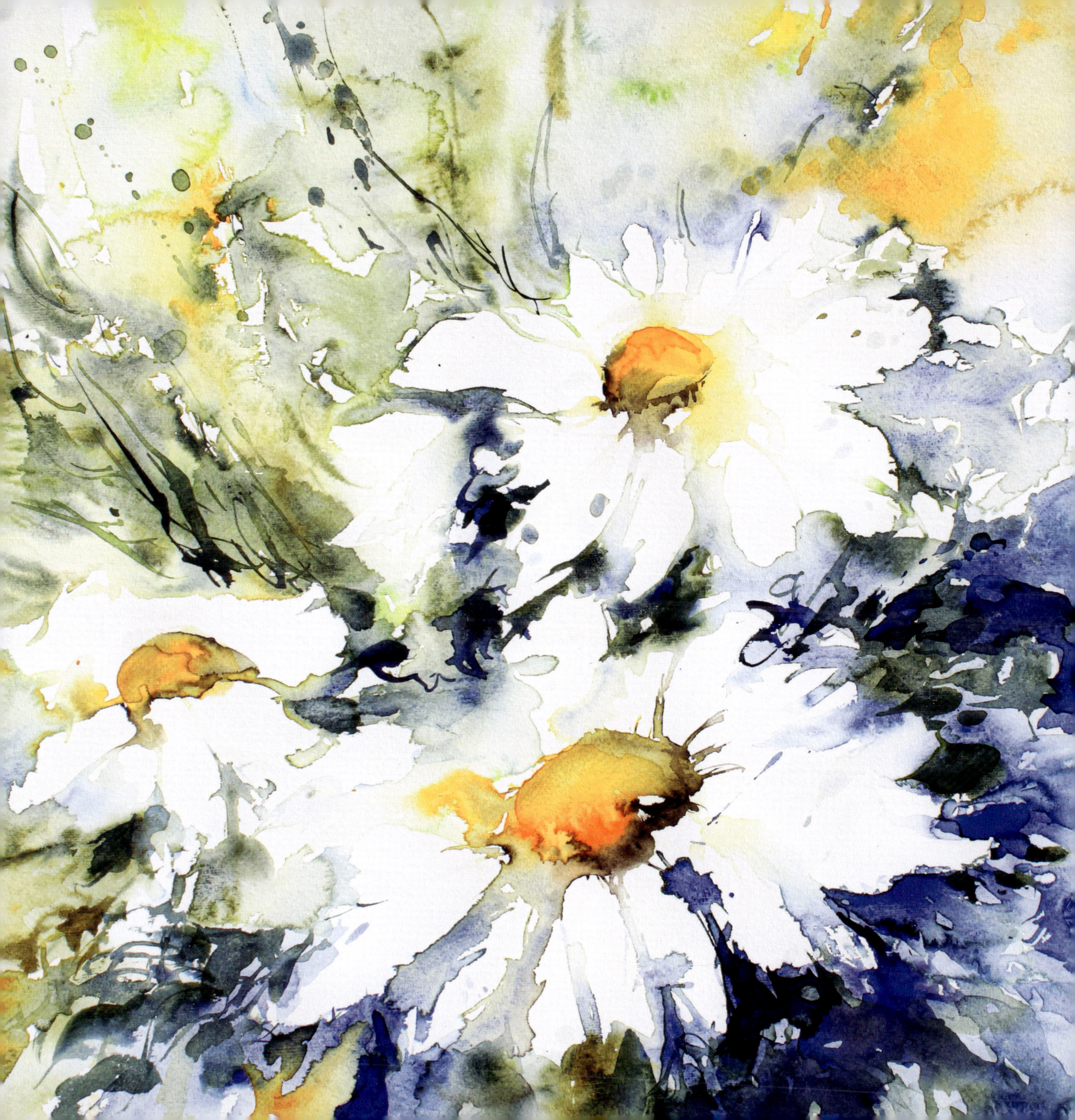

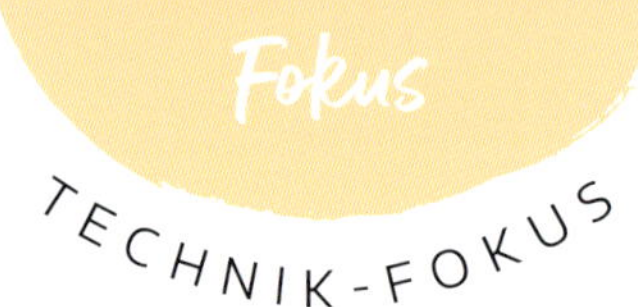

DIE TRAUBEN *reifen*

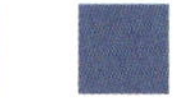
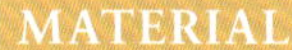

MATERIAL

- **Aquarellpapier**
  Oberfläche Feinkorn 300 g/qm
- **Aquarellfarben**
  Zitronengelb, Reingelb, Indischgelb, Maigrün, Olivgrün gelblich, Grünoliv, Ultramarin, Vandyckbraun
- **Pinsel**
  Rundpinsel Nr. 20
  Schrägpinsel
  Linierer
- **Sprühflasche**
  mit Wasser

Noch sind die Früchte grün, die Zeit der Reife ist noch nicht gekommen.

1 Formen Sie mit dem Rundpinsel und Zitronengelb die Weintrauben. Spritzen Sie etwas Zitronengelb in den Hintergrund.

2 Ziehen Sie mit dem Schrägpinsel und einem wässrigen Vandyckbraun den Ast quer durch das Bild.

3 Verstärken Sie die Weintrauben mit Maigrün und formen Sie mit dem Rundpinsel größere Blätter. Lassen Sie ein Weinblatt hell stehen und umranden Sie es mit Ultramarin. Deuten Sie mit dem Linierer und Indischgelb die Blattadern an.

4 Malen Sie in den Ast einige Stellen in Olivgrün gelblich.

5 Trocknen lassen. Hinterlegen Sie die Blätter mit Ultramarin. Malen Sie in die Weintrauben Olivgrün gelblich, Grünoliv und stellenweise Indischgelb. Sprühen Sie leicht Wasser darüber, damit sich die Farben etwas vermischen können.

6 Ziehen Sie abschließend mit dem Linierer und Vandyckbraun noch einige trockene Ästchen durch das Bild.

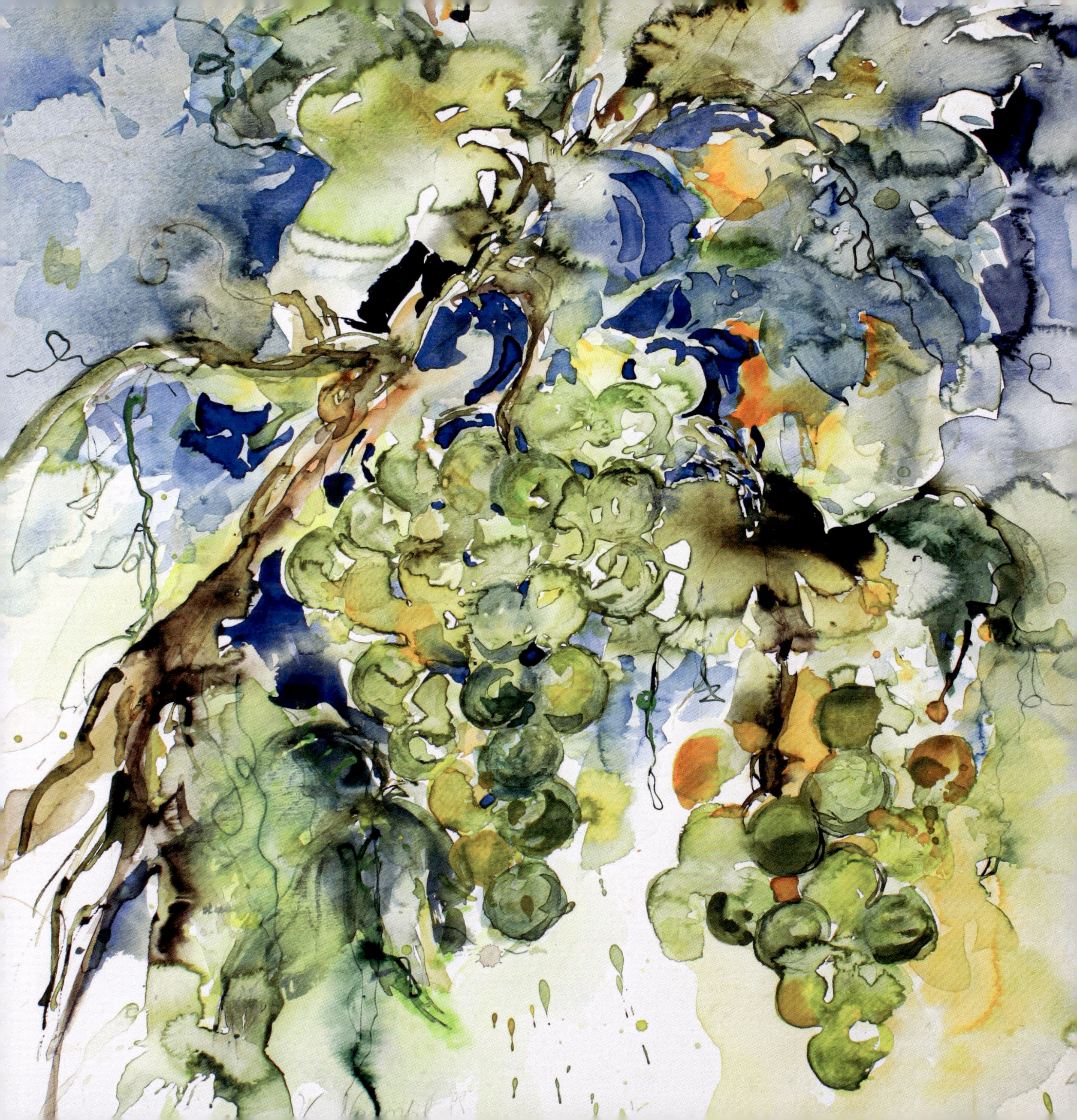

Weiße Blütendolden MIT MOHN

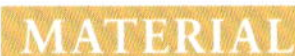

MATERIAL

- **Aquarellpapier**
  Oberfläche satiniert 300 g/qm
- **Aquarellfarben**
  Zitronengelb, Reingelb, Lasurorange, Permanentrot, Maigrün, Grünoliv, Ultramarin, Kobalttürkis, Schwarz
- **Pinsel**
  Rundpinsel Nr. 20
  Schrägpinsel
  Linierer
- **Maskiermittel**
- **alter Pinsel oder grobes Schwämmchen**
- **Sprühflasche**
  mit Wasser

Filigrane weiße Blütendolden, roter Mohn – ein Sommertag auf der Wiese

1 Geben Sie etwas von dem Maskiermittel in ein kleines Schälchen und verdünnen Sie es mit wenig Wasser. Tupfen Sie entweder mit einem alten Pinsel oder einem groben Schwämmchen die weißen Blütendolden. Gut trocknen lassen. Malen Sie mit dem Schrägpinsel und Lasurorange die Mohnblumen. Spritzen Sie mit dem Rundpinsel Zitronengelb in den Hintergrund, ebenso über die abgedeckten Blütendolden. Vorsichtig mit Wasser besprühen. Trocknen lassen. Malen Sie die Mohnblumen mit Permanentrot fertig. Setzen Sie einen Tupfer Maigrün in die Mitte der Blüten. Spritzen Sie etwas Reingelb in den Hintergrund. Tupfen Sie mit dem Finger und Grünoliv einige Knospen und ziehen Sie mit dem Linierer Stängel. Sprühen Sie vorsichtig Wasser darauf. Wieder trocknen lassen.

2 Mischen Sie Maigrün mit Grünoliv und malen Sie mit dem Schrägpinsel Blätter für die Blütendolden. Setzen Sie mit dem Linierer und Grünoliv passende Stängel dazu. Mischen Sie Grünoliv mit Ultramarin, malen Sie damit über die maskierten weißen Blüten sowie die Schatten unter den Blättern. Spritzen Sie mit Schwarz und dem Borstenpinsel Staubgefäße in die Mohnblüten.

3 Rubbeln Sie die trockene Maskierflüssigkeit vom Papier.

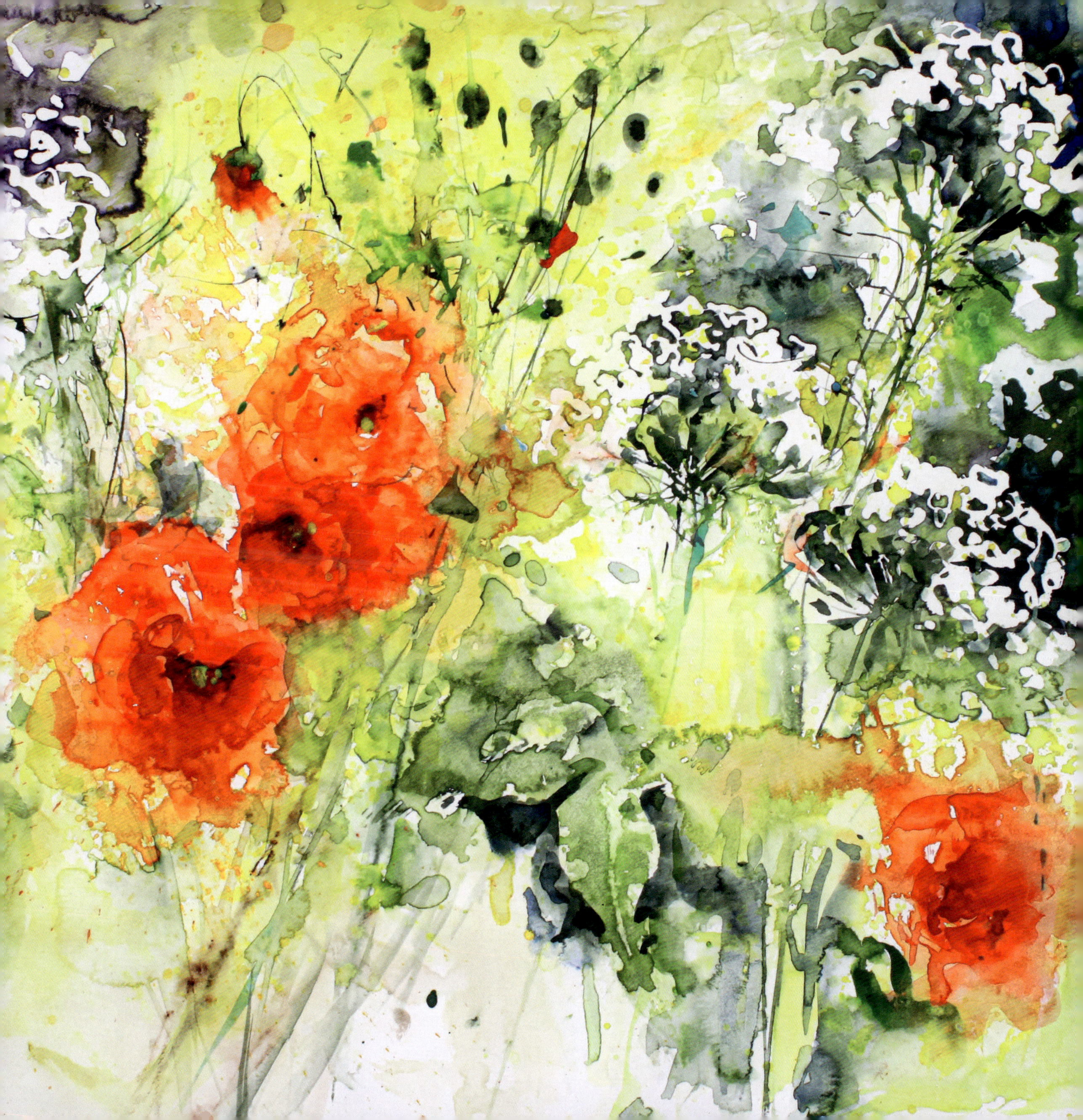

Träumerische SEEROSEN

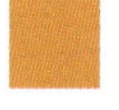 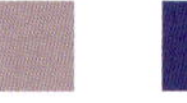  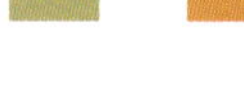

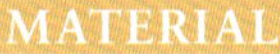

- **Aquarellpapier**
  Oberfläche satiniert 300 g/qm
- **Aquarellfarben**
  Zitronengelb, Reingelb, Indischgelb, Brillantblauviolett, Ultramarin, Magenta, Olivgrün gelblich, Grünoliv
- **Pinsel**
  Rundpinsel Nr. 20
  Schrägpinsel
  Linierer
- **Sprühflasche**
  mit Wasser

Zartfarbene Blüten schweben auf dem Wasser, umringt von zarten Gräsern.

1 Formen Sie die Seerosen mit dem Linierer und Zitronengelb. Spritzen Sie mit dem Rundpinsel Zitronengelb in den Hintergrund und sprühen Sie etwas Wasser darauf. Kurz trocknen lassen. Betonen Sie die Mitte der Blüten mit Reingelb und spritzen Sie mit dem Borstenpinsel und Indischgelb die Staubgefäße.

2 Malen Sie in den Hintergrund der linken Blüte etwas Magenta und Reingelb, rechts Brillant Blauviolett und Ultramarin. Sprühen Sie Wasser darüber.

3 Malen Sie unter die Seerosen von links nach rechts Reingelb, Brillantblauviolett und Ultramarin, spritzen Sie mit dem Rundpinsel Magenta in die dunklen Flächen.

4 Gut trocknen lassen. Malen Sie mit Olivgrün gelblich den Stängel der Knospe und angedeutete Blätter. Ziehen Sie mit dem Linierer Gräser durch das Bild. Schattieren Sie einige Stellen mit Grünoliv.

5 Nach dem Trocknen hellen Sie mit dem Schrägpinsel einige zu dunkle Stellen im Wasser mit Zitronengelb auf.

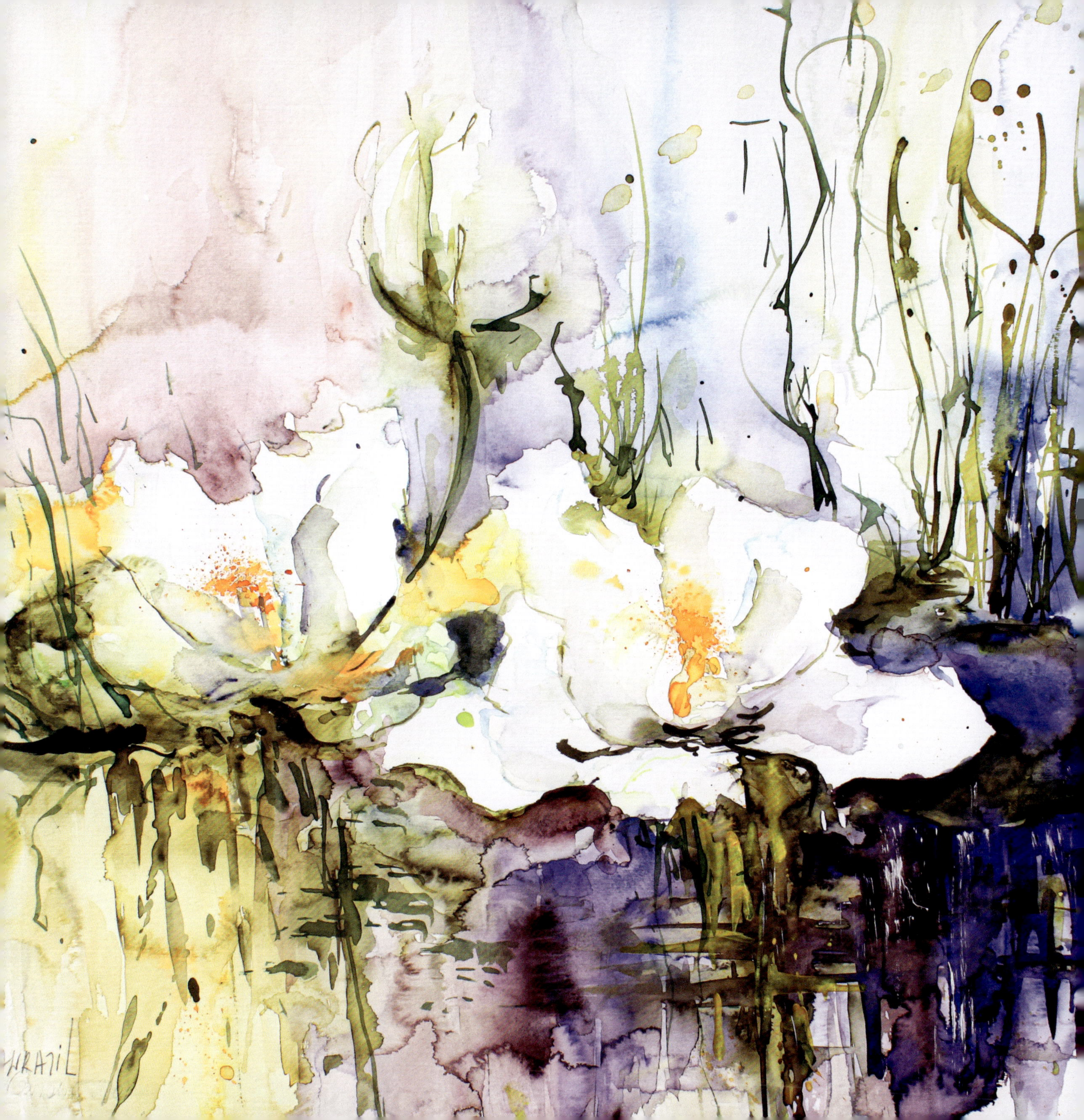

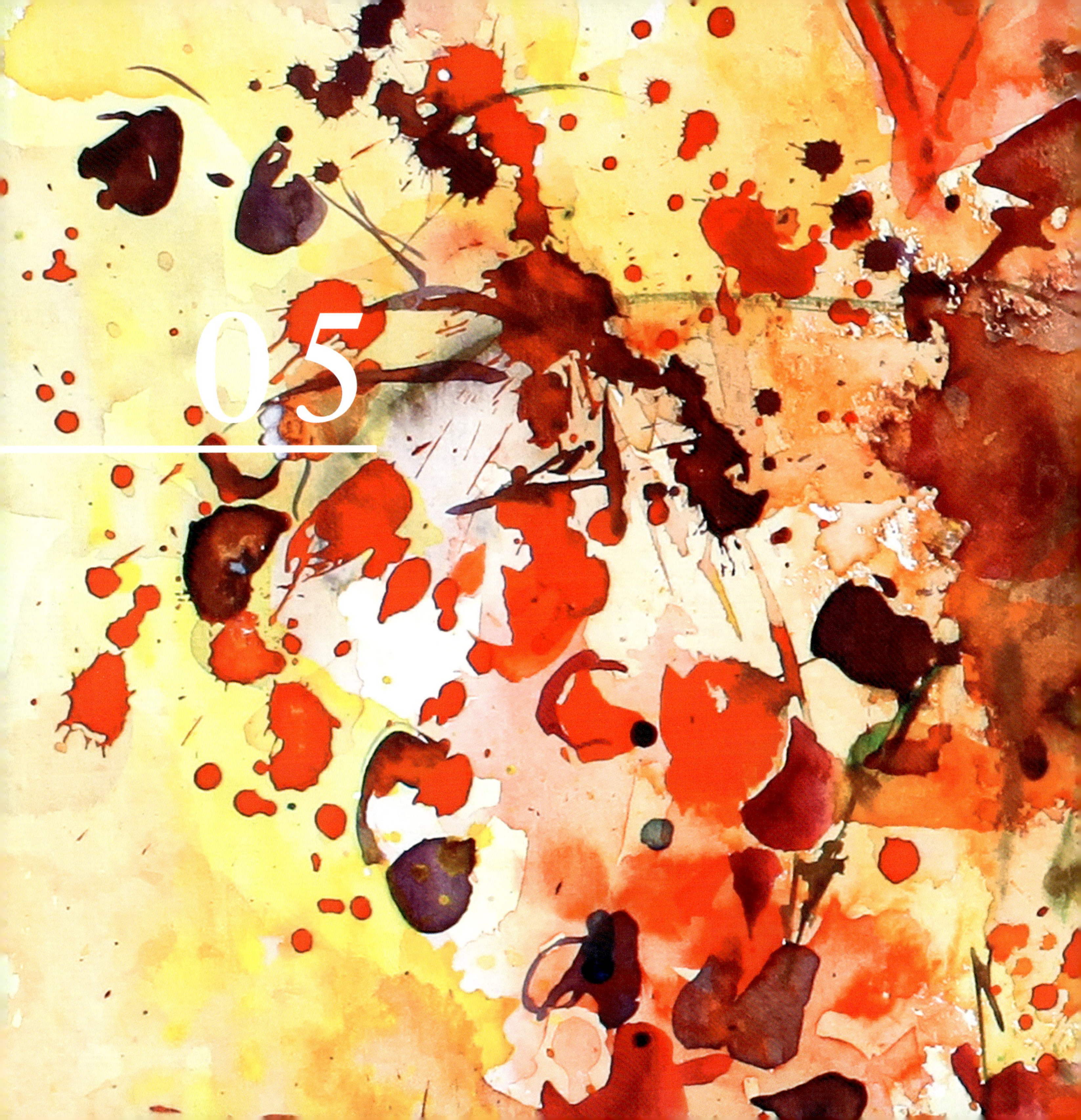
05

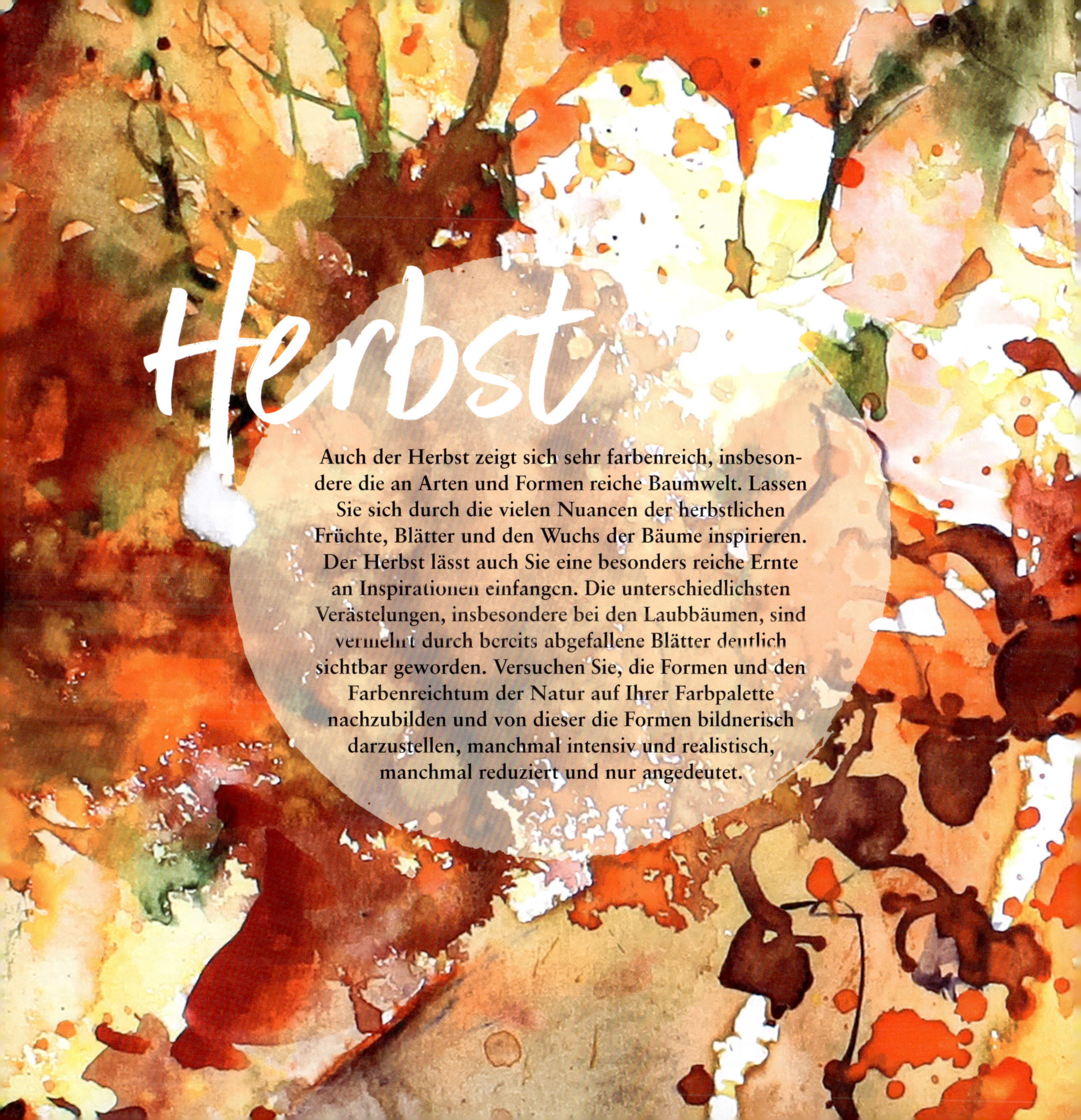

Herbst

Auch der Herbst zeigt sich sehr farbenreich, insbesondere die an Arten und Formen reiche Baumwelt. Lassen Sie sich durch die vielen Nuancen der herbstlichen Früchte, Blätter und den Wuchs der Bäume inspirieren. Der Herbst lässt auch Sie eine besonders reiche Ernte an Inspirationen einfangen. Die unterschiedlichsten Verästelungen, insbesondere bei den Laubbäumen, sind vermehrt durch bereits abgefallene Blätter deutlich sichtbar geworden. Versuchen Sie, die Formen und den Farbenreichtum der Natur auf Ihrer Farbpalette nachzubilden und von dieser die Formen bildnerisch darzustellen, manchmal intensiv und realistisch, manchmal reduziert und nur angedeutet.

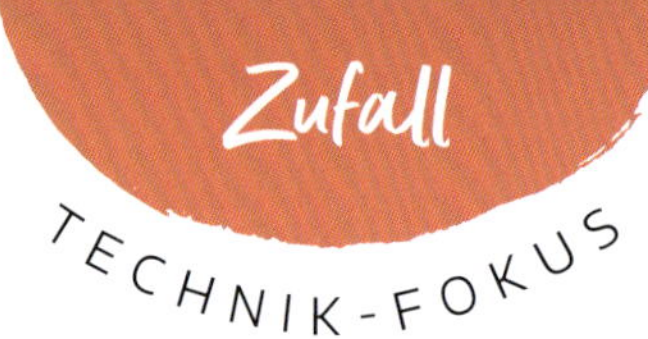

NOVEMBER-stimmung

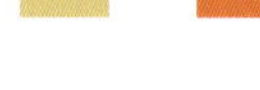
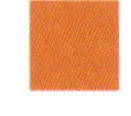

MATERIAL

- **Aquarellpapier**
  Oberfläche Feinkorn 300 g/qm
- **Aquarellfarben**
  Reingelb, Indischgelb, Lasurorange, Ultramarin, Sepia, Lasurbraun, Grünoliv, Indigo, Vandyckbraun, Olivgrün gelblich
- **Pinsel**
  Rundpinsel Nr. 20
  Schrägpinsel
  Linierer
  grober Borstenpinsel
- **Sprühflasche**
  mit Wasser

Noch einmal ein kurzes Aufflammen der Farben, bevor der Herbstwind die Farbenpracht verweht.

1 Dieses Bild ist Nass-in-Nass gemalt. Hier verfließen die Farben ineinander, es bleiben wenige harte Konturen stehen.

2 Malen Sie mit dem Rundpinsel und Sepia die Bäume, spritzen Sie sofort mit dem Borstenpinsel Reingelb in das Bild, teilweise auch über die Baumstämme. Sprühen Sie vorsichtig Wasser darüber, damit sich die Farben etwas vermischen können.

3 Spritzen Sie an einigen Stellen Lasurorange in das Blätterdach und sprühen Sie Wasser darauf. Verstärken Sie die Rinde der beiden Baumstämme rechts mit Lasurbraun und Vandyckbraun. Spritzen Sie mit dem Borstenpinsel noch hier und da Olivgrün gelblich für die Blätter. Malen Sie mit dem Rundpinsel und Ultramarin den Himmel, die Schatten zwischen den Bäumen und ebenso auf dem Weg.

4 Mischen Sie Ultramarin mit etwas Indigo und malen Sie damit die dunklen Stellen am Ende des Weges. Lassen Sie helle angedeutete Baumstämme stehen. Malen Sie den Rest des Weges mit Indischgelb und sprühen Sie etwas Wasser darauf. Ziehen Sie mit dem Linierer und Vandyckbraun noch einige Äste durch das Blätterdach.

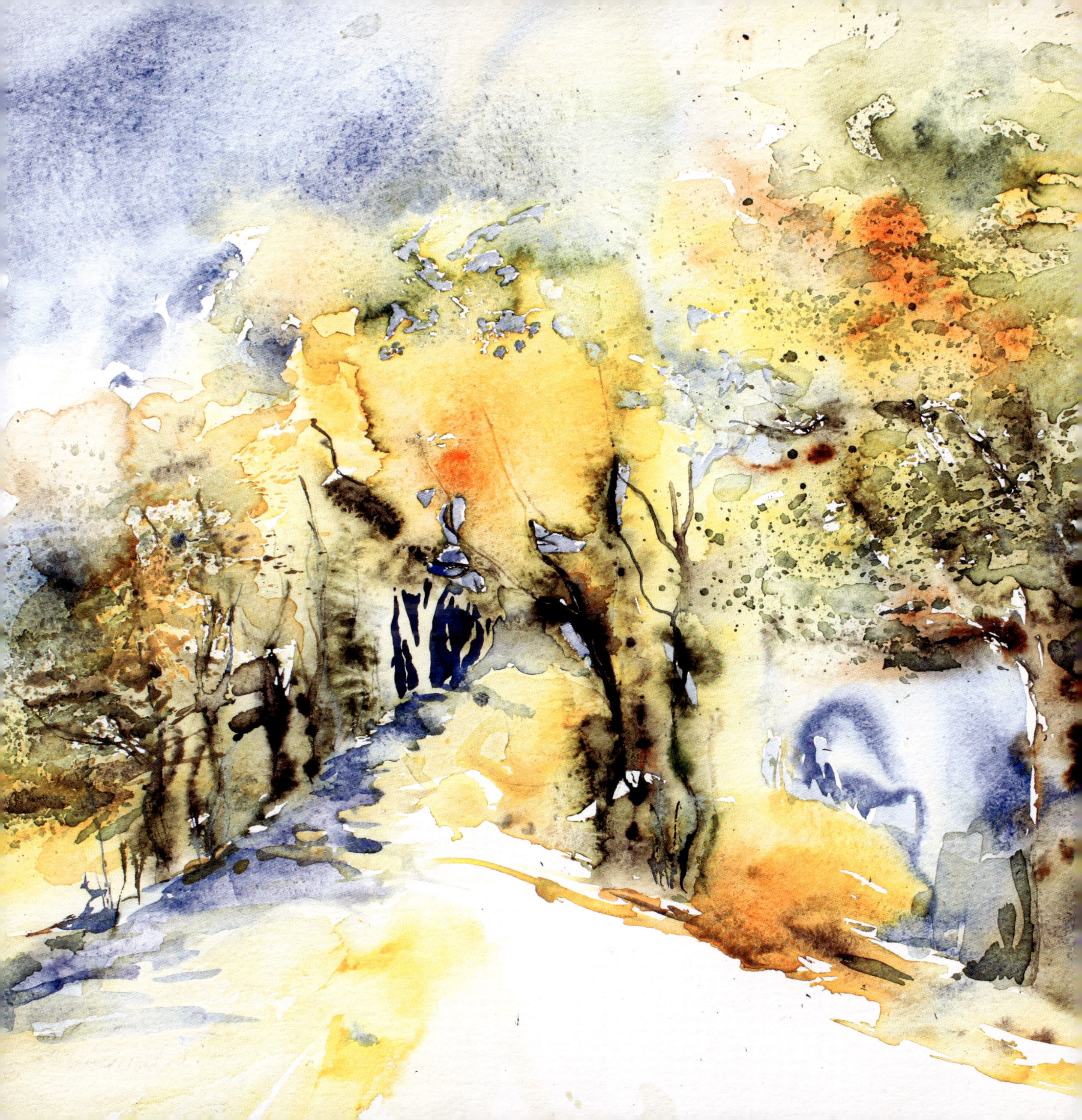

Flammende WÄLDER

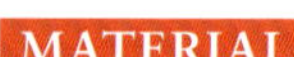

MATERIAL

- **Aquarellpapier**
  Oberfläche Feinkorn 300 g/qm
- **Aquarellfarben**
  Reingelb, Indischgelb, Lasurorange, Krapplack dunkel, Ocker, Vandyckbraun, Lasurbraun, Ultramarin, Olivgrün gelblich
- **Pinsel**
  Rundpinsel Nr. 20
  Schrägpinsel
  Linierer
  grober Borstenpinsel
- **Sprühflasche**
  mit Wasser

Nach dem ersten Frost explodieren die feurigen Farben in den Bäumen.

1 Malen Sie mit dem Rundpinsel und Ocker die Baumstämme. Spritzen Sie mit dem Borstenpinsel und Reingelb gelbe Flächen für die Blätter, sprühen Sie etwas Wasser darauf. Es sollten einige Stellen weiß bleiben. Kurz trocknen lassen.

2 Spritzen Sie nun teilweise Indischgelb auf die hellen Flächen, wieder kurz trocknen lassen. Anschließend spritzen Sie mit Lasurorange, Olivgrün gelblich und Krapplack dunkel die herbstlichen Farben in das Blätterdach.

3 Ziehen Sie mit Vandyckbraun und dem Linierer einige Äste durch das Bild. Schattieren Sie anschließend ebenfalls mit Vandyckbraun und Lasurbraun die Baumstämme.

4 Malen Sie mit Reingelb den Weg; den Schatten, den die Bäume werfen, mit Lasurbraun und Vandyckbraun.

5 Hinterlegen Sie die Baumstämme auf der rechten Seite kräftig mit Ultramarin, die linke Seite mit wässrigem Ultramarin. Lassen Sie auch den Himmel ultramarinblau durchscheinen.

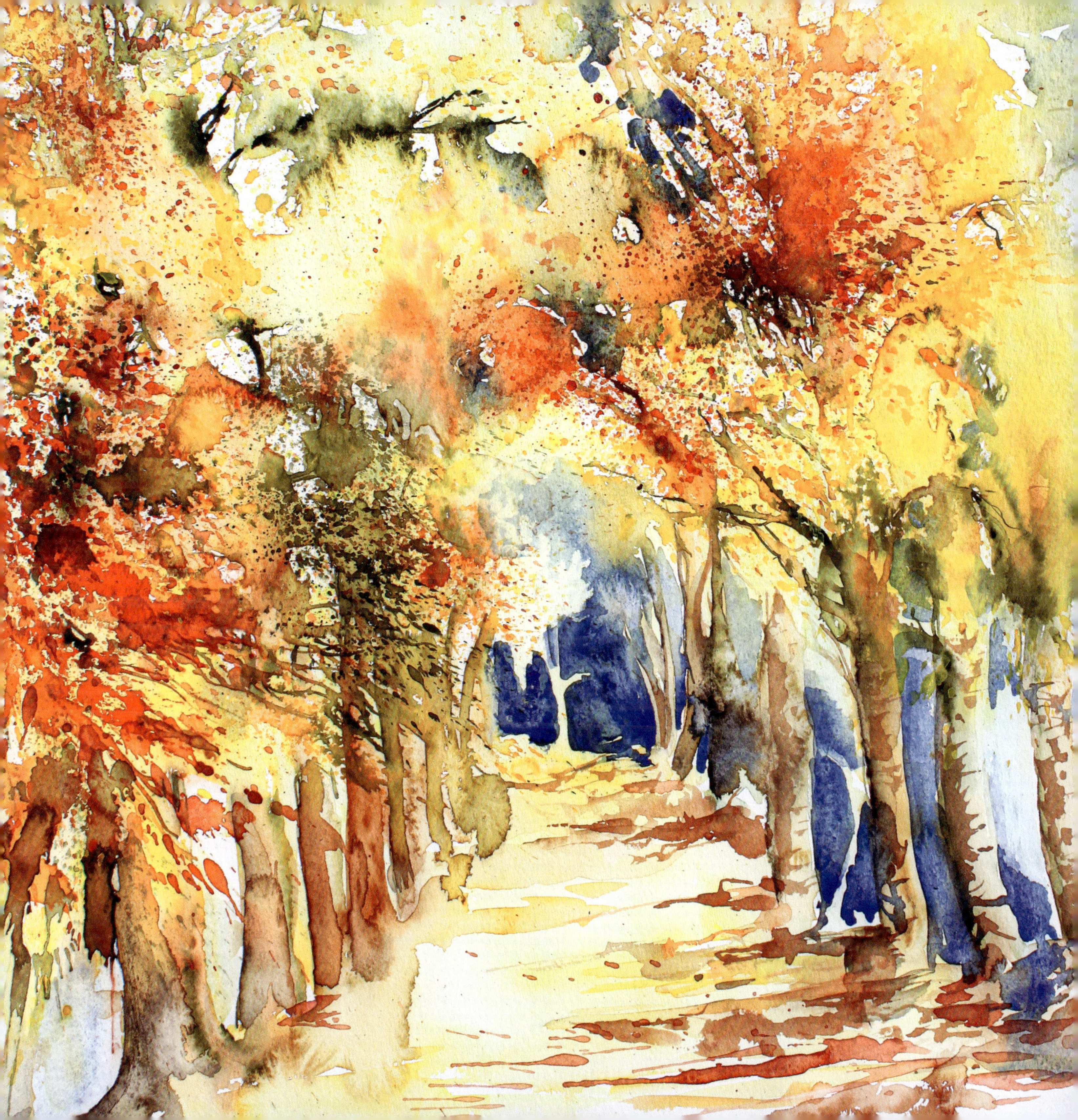

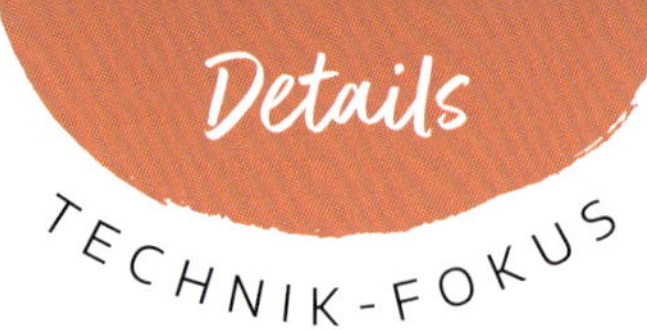

Herbstbunter STRAUß

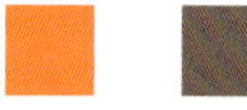

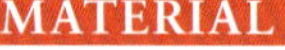

MATERIAL

- **Aquarellpapier**
  Oberfläche satiniert 300 g/qm
- **Aquarellfarben**
  Reingelb, Indischgelb, Lasurorange, Permanentorange, Permanentrot, Krapp dunkel, Magenta, Lasurbraun, Vandyckbraun
- **Pinsel**
  Rundpinsel Nr. 20
  Schrägpinsel
  Linierer
- **Sprühflasche**
  mit Wasser

Herbstliche Früchte, Samenkapseln, Beeren und Blumen beeinflussen die Wahl des Motives.

1 Formen Sie mit dem Schrägpinsel und wässrigem Vandyckbraun die Konturen der Vase. Malen Sie mit Reingelb die kleinen Lampions und spritzen Sie mit dem Rundpinsel Reingelb in den Hintergrund.

2 Kurz trocknen lassen. Tauchen Sie den Zeigefinger in Lasurorange und tupfen Sie damit angedeutete Samenkapseln. So verfahren Sie auch mit den Farben Permanentrot und Magenta. Malen Sie diese Farben auch in die Lampions, dann sprühen Sie leicht Wasser über das ganze Papier. Etwas antrocknen lassen.

3 Ziehen Sie mit dem Linierer die farblich passenden Stängel und Konturen der Lampions.

4 Hier und da sind einige weiße Stellen stehengeblieben, diese können Sie durch Betonung des Hintergrundes mit einer dunkleren Farbe als kleine Blüten hervorheben.

5 Malen Sie die Vase mit Indischgelb auf der linken Seite, lassen Sie Krapp dunkel und Vandyckbraun hineinfließen und sprühen Sie vorsichtig Wasser darauf. Die rechte Seite der Vase bleibt hell.

6 Formen Sie mit dem Schrägpinsel noch hier und da größere Blätter mit Lasurorange, Krapp dunkel und Vandyckbraun.

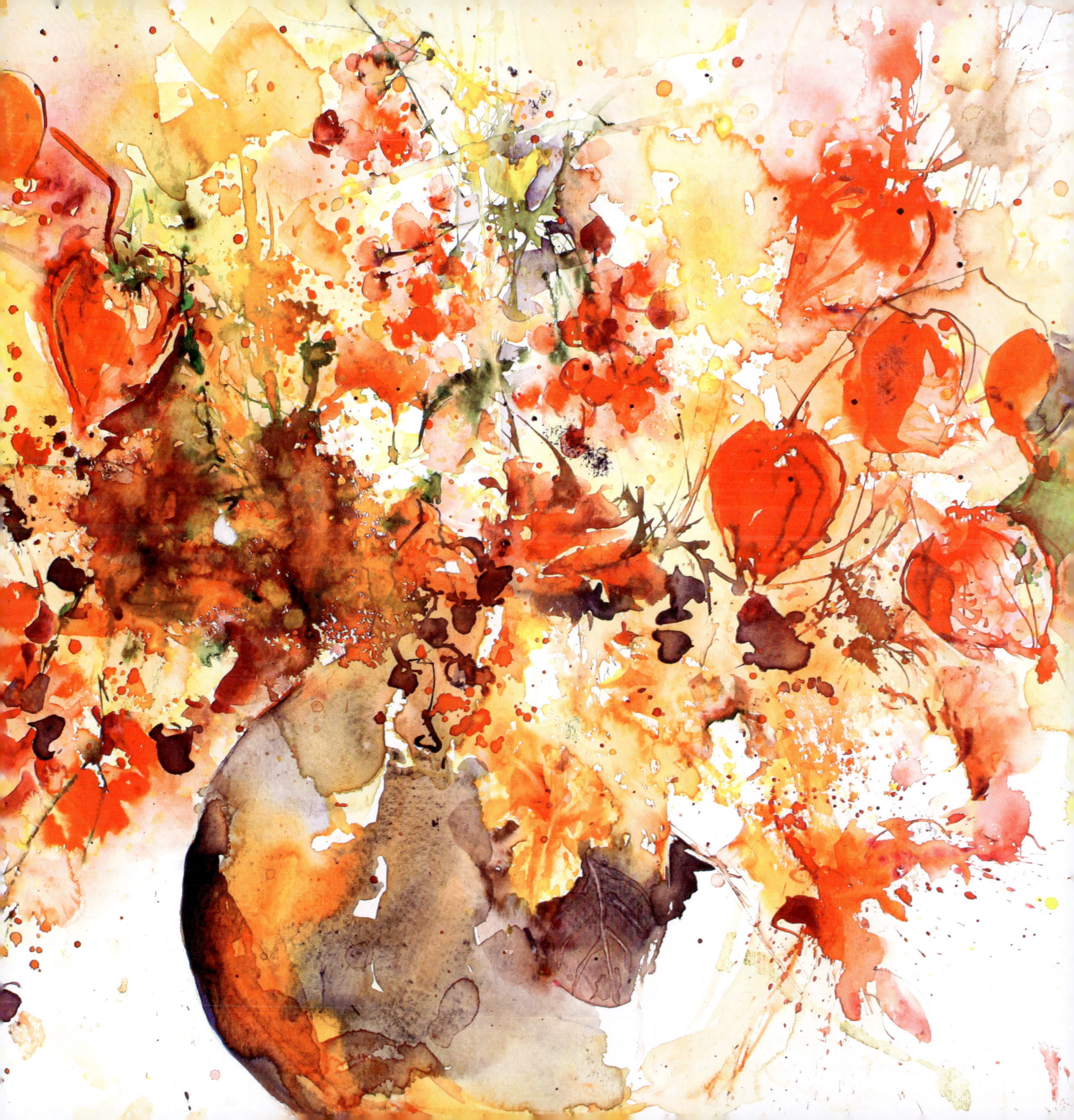

Feuriges BLÄTTERDACH

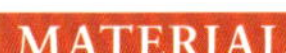

MATERIAL

- **Aquarellpapier**
  Oberfläche Feinkorn 300 g/qm
- **Aquarellfarben**
  Zitronengelb, Reingelb, Indischgelb, Lasurorange, Krapp dunkel, Vandyckbraun, Ultramarin, Grünoliv
- **Pinsel**
  Rundpinsel Nr. 20
  Schrägpinsel
  Linierer
  grober Borstenpinsel
- **Sprühflasche**
  mit Wasser

Die Bäume tragen ein strahlendes Prachtkleid. Sie leuchten gelb, orange und feuerrot, an manchen Stellen schimmert tiefes Purpur bis hin zu Violett.

1 Formen Sie mit dem Schrägpinsel und einem wässrigen Vandyckbraun die beiden Baumstämme. Spritzen Sie zuerst mit Zitronengelb und dem Borstenpinsel das Blätterdach, kurz trocknen lassen, dann spritzen Sie die Farben Reingelb und Lasurorange darüber. Sprühen Sie vorsichtig Wasser auf die Farbfläche, damit sich hier und da die Farben vermischen können.

2 Nach dem Trocknen spritzen Sie wieder stellenweise mit dem Borstenpinsel Krapp dunkel darüber, ziehen Sie mit dem Linierer und Vandyckbraun einige Äste durch das Blattwerk.

3 Gut trocknen lassen. Malen Sie mit dem Rundpinsel und Ultramarin einen wässrigen blauen Himmel.

4 Malen Sie mit Ultramarin den Horizont und ebenfalls das Wasser. Lassen Sie für die Trennung von Horizont und Wasser einen feinen weißen Streifen stehen. Verstärken Sie die Dunkelheiten unter den Bäumen kräftig mit Ultramarin.

5 Malen Sie die Wiese mit Zitronengelb und lassen Sie etwas Indischgelb und Grünoliv einfließen. Ziehen Sie mit dem Linierer einige Gräser in Grünoliv. Verstärken Sie die Rinde der Bäume mit Vandyckbraun.

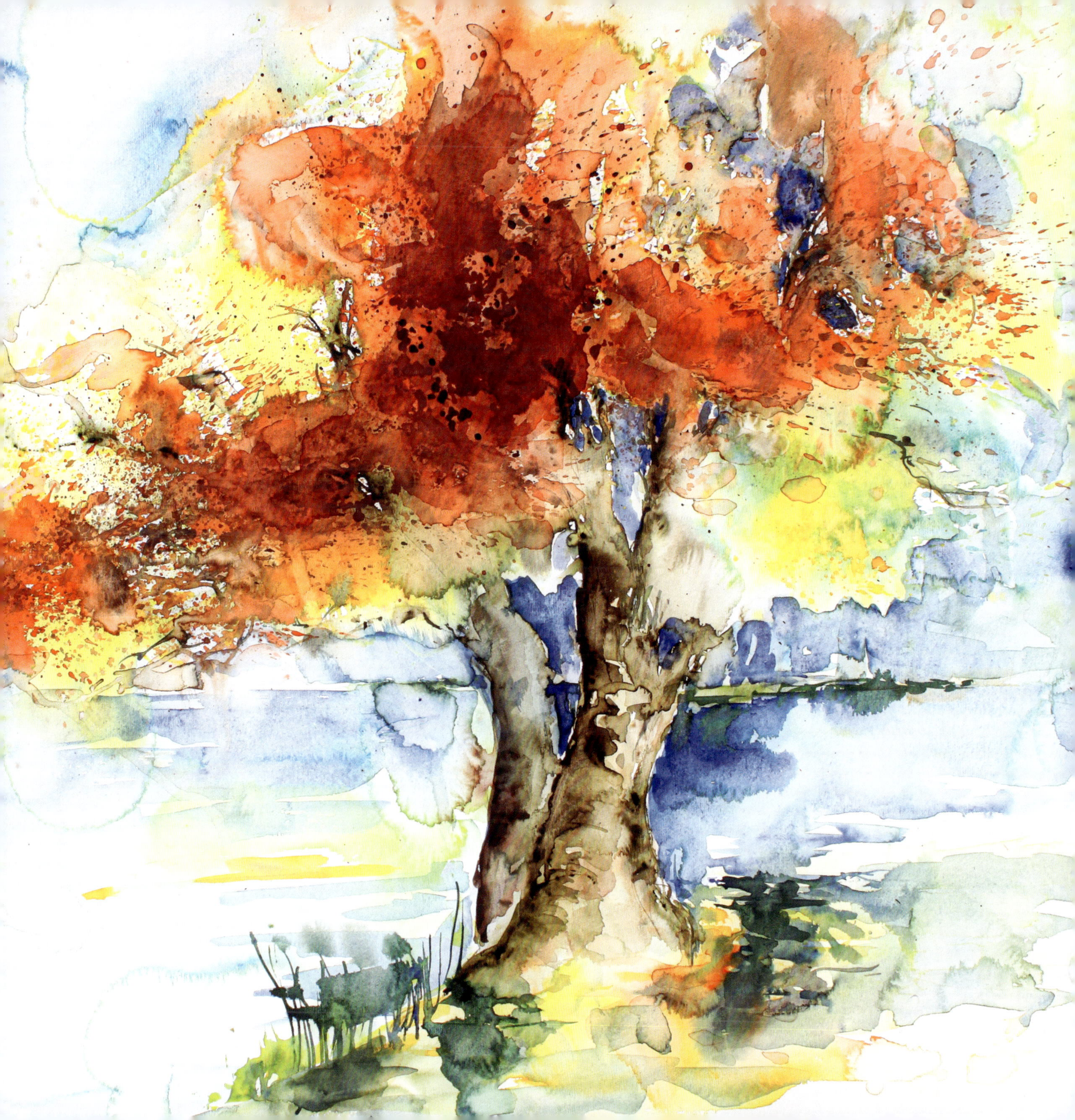

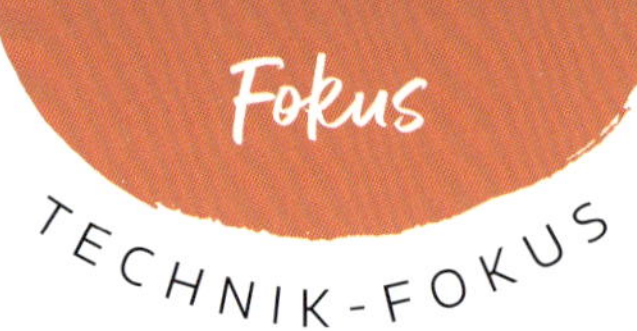

Herbstliche APFELERNTE

    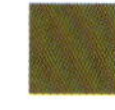

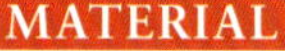

MATERIAL

- **Aquarellpapier**
  Oberfläche Feinkorn 300 g/qm
- **Aquarellfarben**
  Zitronengelb, Reingelb, Indischgelb, Lasurorange, Permanentrot orange, Ultramarin, Türkis, Grünoliv, Vandyckbraun
- **Pinsel**
  Rundpinsel Nr. 20
  Schrägpinsel
- **stumpfer Bleistift**
- **Sprühflasche**
  mit Wasser

Lebhafte Akzente in leuchtenden Farben – reife Äpfel im Obstkorb.

1 Besprühen Sie Ihren Farbkasten gut mit Wasser und tauchen Sie den Bleistift in Vandyckbraun.

2 Dann formen Sie damit das Kistchen und den Untergrund, auf dem es steht. Malen Sie mit dem Schrägpinsel in Zitronengelb die Äpfel. Kurz antrocknen lassen.

3 Nun malen Sie den nächsten Farbton der Äpfel, das heißt, stellenweise Reingelb und Indischgelb sowie hier und da Lasurorange und Permanentrot orange. In einigen Äpfeln lassen Sie Grünoliv einfließen.

4 Auf der linken Seite malen Sie den Hintergrund Reingelb, spritzen Sie leicht Wasser darüber, damit die Farbe etwas in die Äpfel fließen kann.

5 Heben Sie einige Teile des Kistchens mit Indischgelb und Vandyckbraun hervor. Malen Sie die schattige rechte Seite mit Kobalttürkis und sprühen Sie wieder Wasser darauf.

6 Schattieren Sie mit Ultramarinblau und Lila noch einige dunklere Stellen.

7 Formen Sie mit dem Schrägpinsel und Grünoliv Blätter und Stängel.

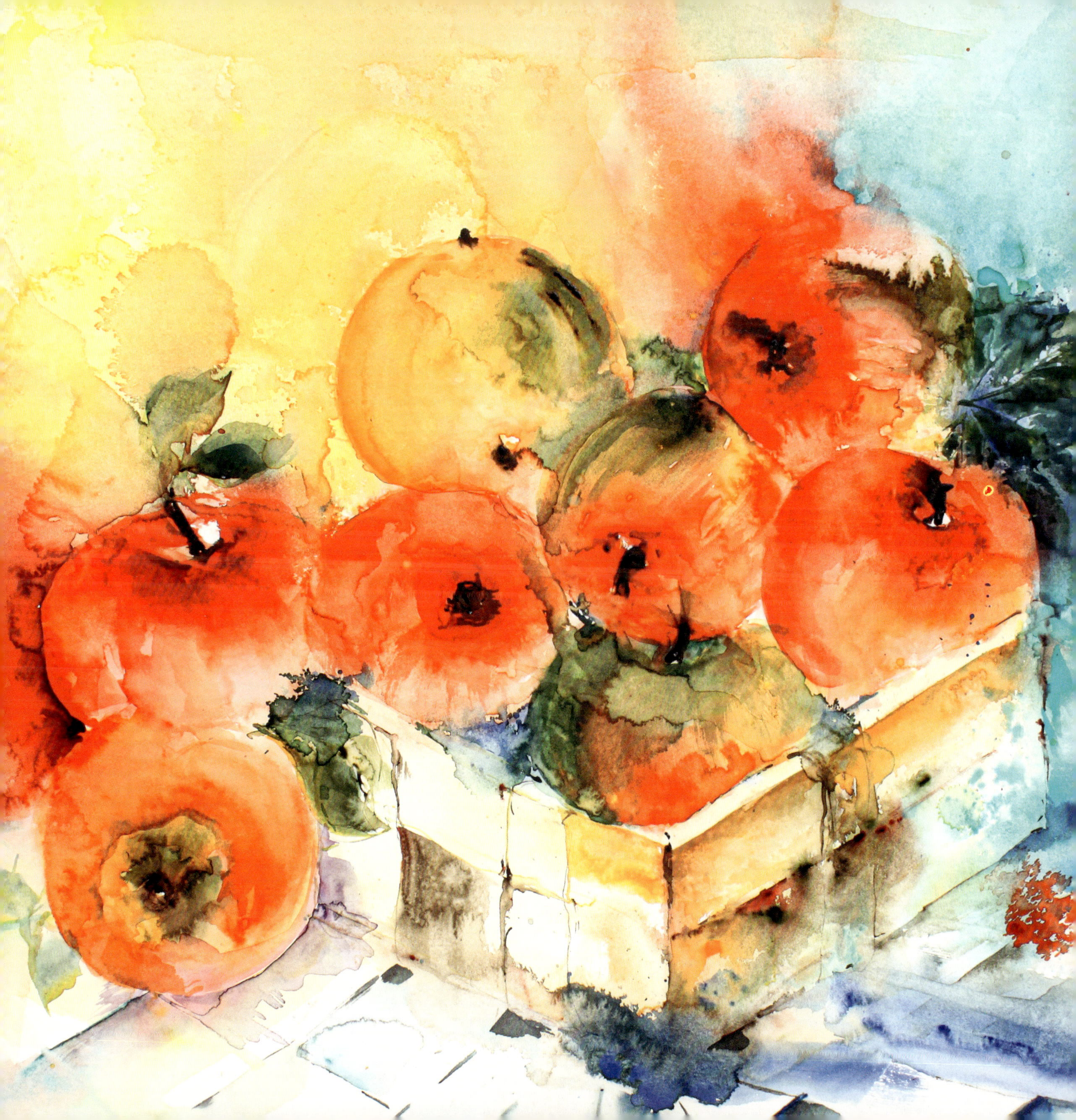

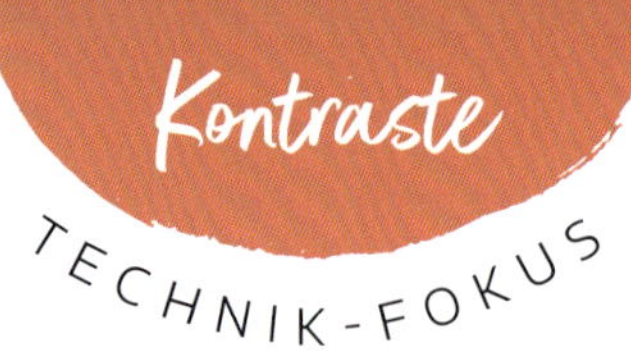

Im warmen HERBSTLICHT

  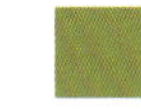 

MATERIAL

- **Aquarellpapier**
  Oberfläche satiniert 300 g/qm
- **Aquarellfarben**
  Jaune brillant, Reingelb, Indischgelb, Lasurorange, Ocker, Olivgrün gelblich, Lasurbraun, Vandyckbraun
- **Pinsel**
  Rundpinsel Nr. 20
  Schrägpinsel
  Linierer
  grober Borstenpinsel
- **Zellophanpapier**
- **Farn**
- **Sprühflasche**
  mit Wasser

Ein Gleichklang der Farben – Ton in Ton – zaubert einen wildromantischen Herbstwald.

1 Formen Sie die beiden Baumstämme mit dem Schrägpinsel und Ocker. Etwas trocknen lassen.

2 Spritzen Sie mit dem Borstenpinsel Reingelb über das ganze Bild, dann stellenweise Indischgelb. Sprühen Sie Wasser darauf und drehen Sie das Bild, damit sich die Farben etwas vermischen können.

3 Gut trocknen lassen. Bemalen Sie zwei Farne kräftig mit Vandyckbraun und legen Sie diese links und rechts neben die Baumstämme. Spritzen Sie rundherum Indischgelb, Ocker, Olivgrün gelblich und Lasurbraun. Besprühen Sie alles mit Wasser und legen Sie dann das Zellophanpapier darüber.

4 Drücken Sie die Folie auf die Farne und streichen Sie fest darüber, damit sich die Farben darunter vermischen. Gut trocknen lassen. Nehmen Sie die Folie vom Bild, ebenso die Farne. Legen Sie die Folie, auf der sich noch Farbe befindet, leicht auf die obere Hälfte des Bildes. Nehmen Sie sie sofort wieder herunter, sodass nur ein leichter Abdruck entsteht.

5 Malen Sie die Baumstämme mit Vandyckbraun dunkler und sprühen Sie Wasser darüber.

6 Ziehen Sie mit Lasurbraun und Jaune brillant noch einige Gräser durch das Bild.

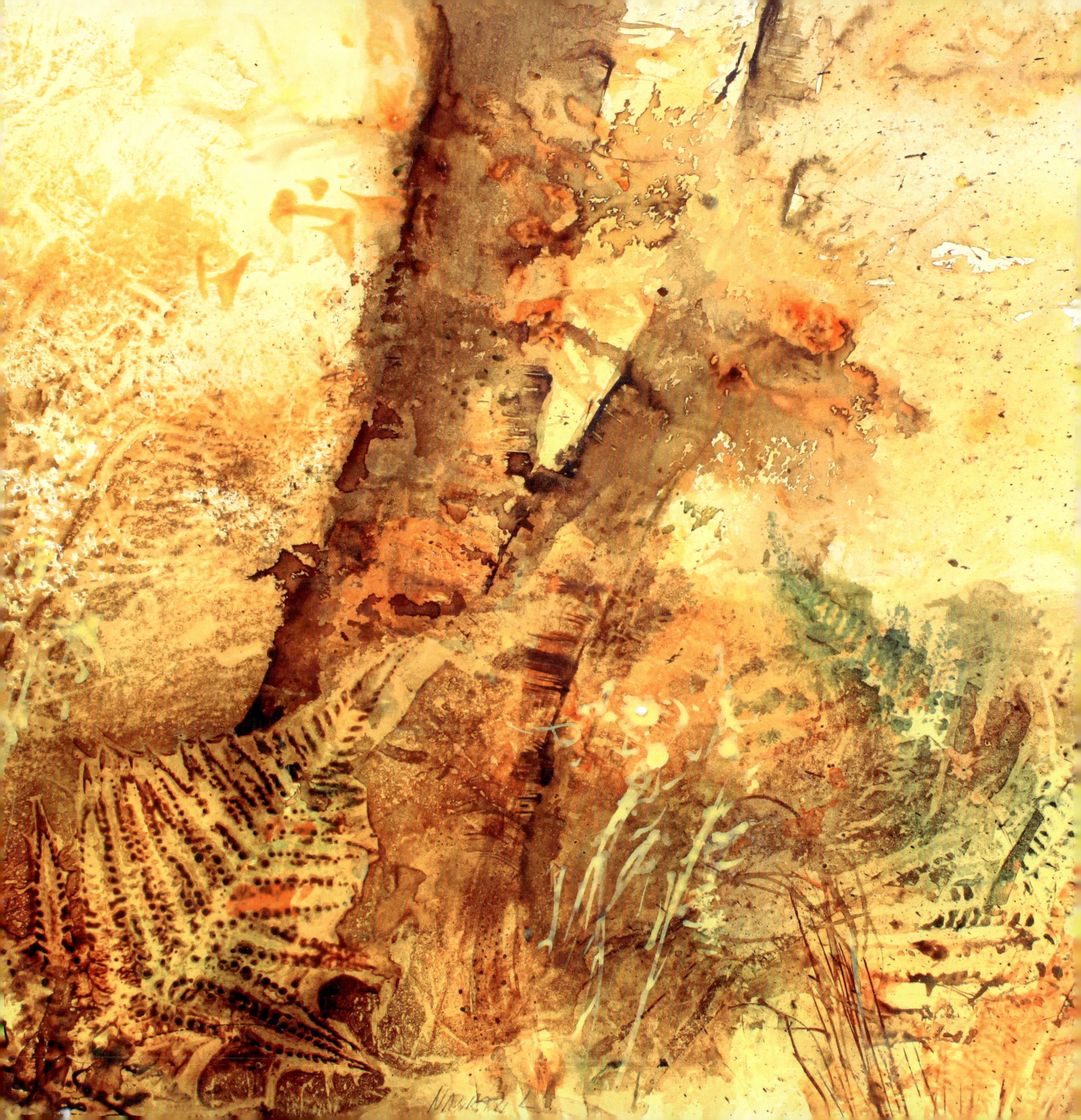

Bunt STEHT DER WALD

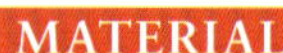

MATERIAL

- **Aquarellpapier**
  Oberfläche satiniert 600 g/qm
- **Aquarellfarben**
  Zitronengelb, Reingelb, Indischgelb, Lasurorange, Bergblau, Ultramarin, Olivgrün gelblich, Grünoliv, Ocker, Vandyckbraun
- **Pinsel**
  Rundpinsel Nr. 20
  Schrägpinsel
  Linierer
  grober Borstenpinsel
- **Sprühflasche**
  mit Wasser

Ein Wechselspiel der leuchtenden Farben auf der Erde und in den Baumwimpfeln.

1 Malen Sie mit dem Rundpinsel und Ocker die Baumstämme. Spritzen Sie mit dem Borstenpinsel Zitronengelb für das Blätterdach. Kurz trocknen lassen, dann spritzen Sie Reingelb und Indischgelb dazu. Sprühen Sie vorsichtig Wasser darauf, damit sich die Farben vermischen können.

2 Trocknen lassen. Verstärken Sie mit Vandyckbraun die Rinde und Äste der Bäume. Spritzen Sie stellenweise Olivgrün gelblich und Grünoliv in die Blätter, ebenso hier und da etwas Lasurorange. Sprühen Sie wieder vorsichtig Wasser darauf.

3 Nach dem Trocknen malen Sie Bergblau für den Himmel, ziehen Sie auch eine Horizontlinie mit Bergblau. Kurz trocknen lassen. Malen Sie in die freien Stellen zwischen den Blättern und Ästen Ultramarin, ebenfalls die dunkleren Schatten unter den Bäumen.

4 Den Erdboden malen Sie mit dem Rundpinsel in Ocker, Indischgelb und einige dunklere Stellen mit Vandyckbraun. Formen Sie mit dem Linierer und Grünoliv Gräser. Sprühen Sie vorsichtig Wasser darüber. Ziehen Sie mit dem Linierer und Vandyckbraun einige dünne Äste durch das Blätterdach.

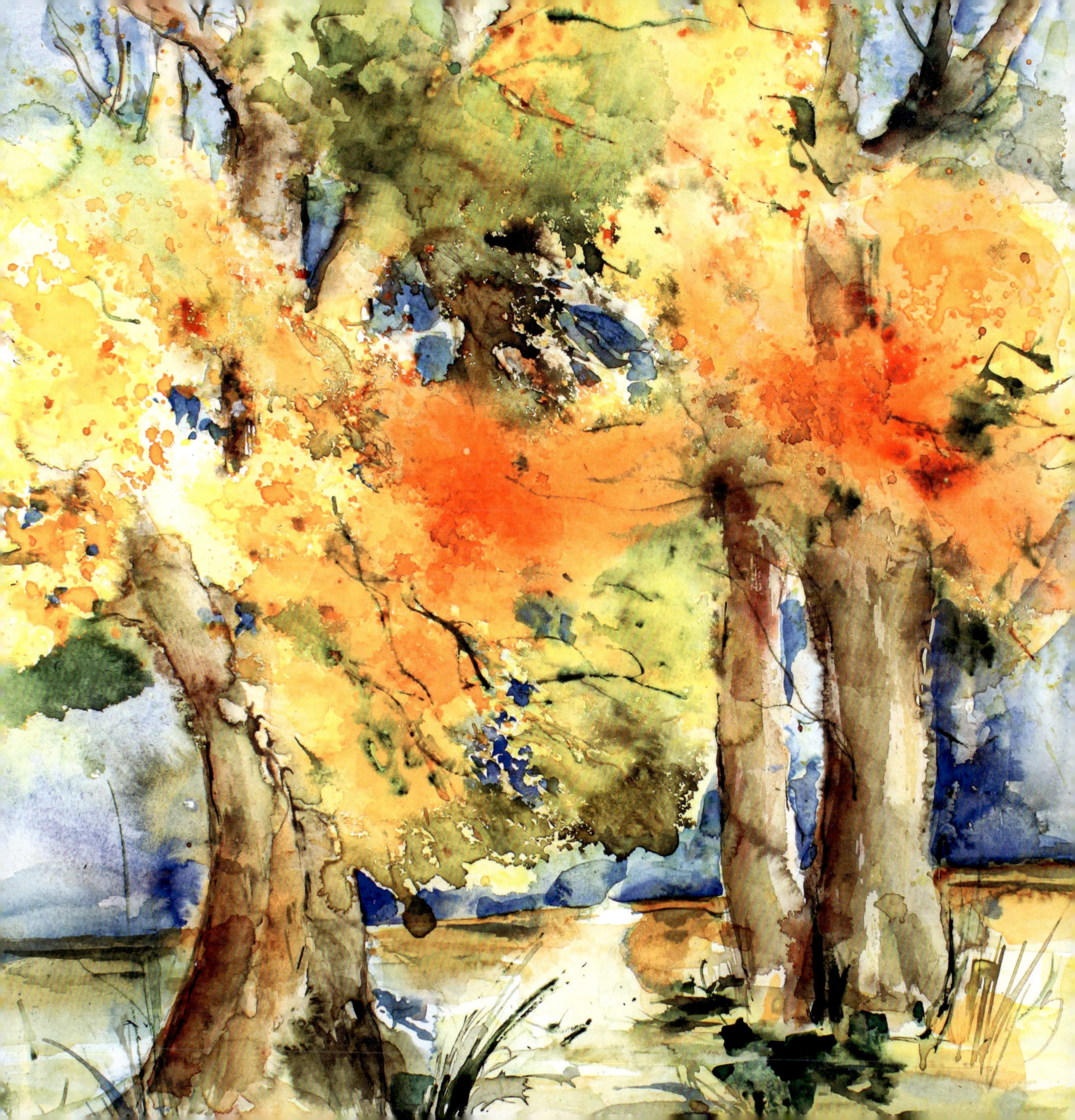

DER SOMMER verblüht

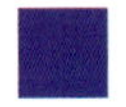 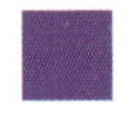   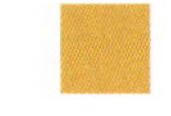

MATERIAL

- **Aquarellpapier**
  Oberfläche satiniert 300 g/qm
- **Aquarellfarben**
  Reingelb, Indischgelb, Lasurorange, Brillantblauviolett, Vandyckbraun
- **Pinsel**
  Rundpinsel Nr. 20
  Schrägpinsel
  Linierer
- **Sprühflasche**
  mit Wasser

Märchenhafter Strauß aus weißen Blütensternen, herbstbraunen Farnwedeln, Ranken und Zweigen.

1 Formen Sie mit dem Schrägpinsel und Reingelb die Umrisse der Margeriten und spritzen Sie Reingelb in den Hintergrund. Besprühen Sie alles vorsichtig mit Wasser.

2 Nach dem Trocknen malen Sie mit dem Rundpinsel und Brillantblauviolett die runde Vase.

3 Malen Sie mit dem Schrägpinsel und Brillantblauviolett Blütenrispen und spritzen Sie hier und da Indischgelb in den Hintergrund. Besprühen Sie diese Stellen mit Wasser. Kurz antrocknen lassen. Heben Sie teils mit Indischgelb, teils mit Vandyckbraun die weißen Blüten stärker hervor.

4 Malen Sie auch in die Vase eine indischgelbe Fläche. Malen Sie mit dem Schrägpinsel und Vandyckbraun passende Stängel und angedeutete Blätter zu den lila Blütenrispen.

5 Setzen Sie in die Mitte der Margeriten mit Reingelb einen Punkt. Spritzen Sie etwas Lasurorange ins Bild. Verstärken Sie die Vase mit Brillantblauviolett und sprühen Sie Wasser darüber, damit sich Gelb und Lila zu einem warmen Braunton vermischen können. Ziehen Sie mit dem Linierer und Vandyckbraun noch einige Gräser durch das Bild. Schattieren Sie die Mitte der Margeriten noch mit Lasurorange.

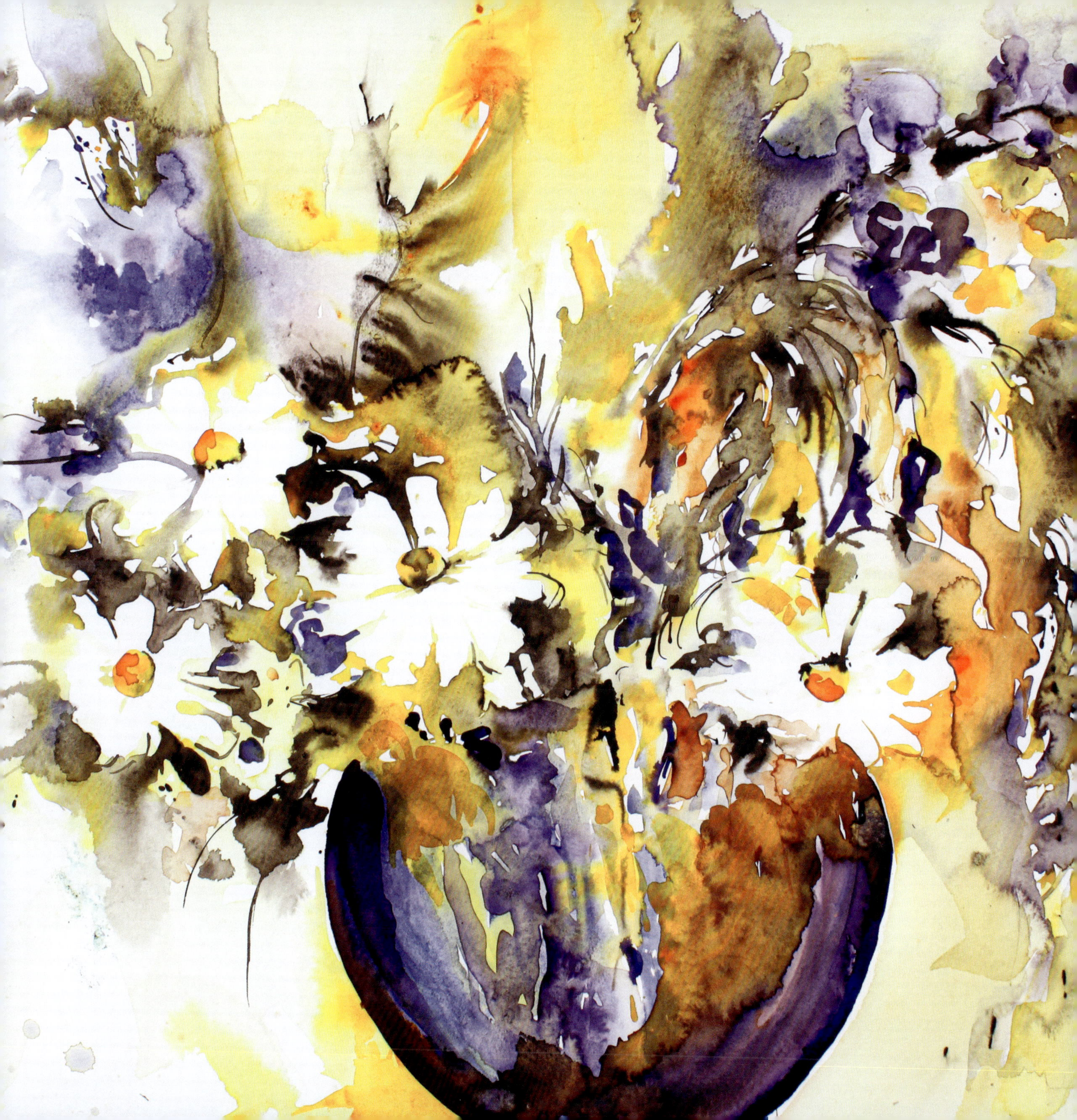

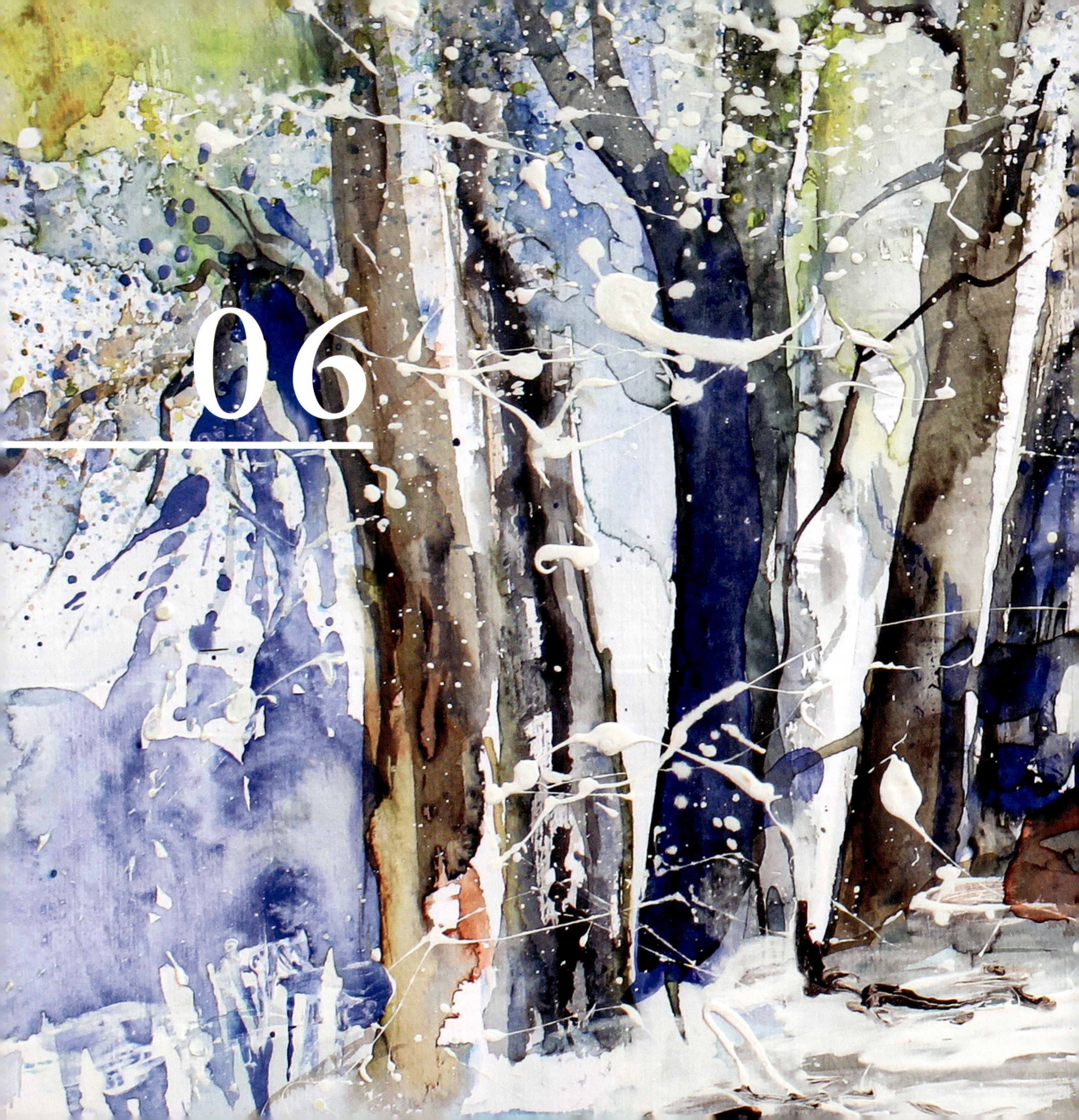

06

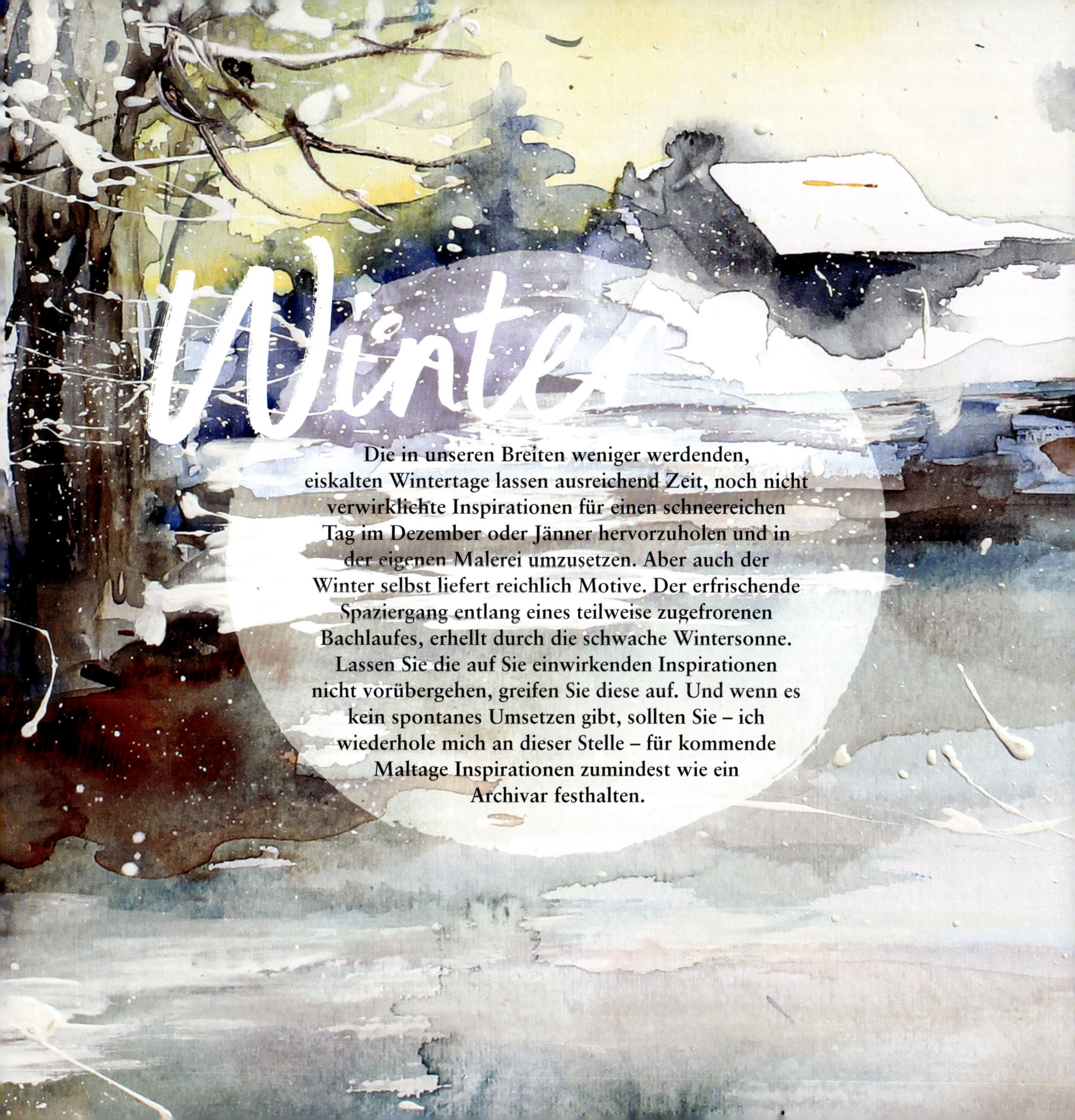

Winter

Die in unseren Breiten weniger werdenden, eiskalten Wintertage lassen ausreichend Zeit, noch nicht verwirklichte Inspirationen für einen schneereichen Tag im Dezember oder Jänner hervorzuholen und in der eigenen Malerei umzusetzen. Aber auch der Winter selbst liefert reichlich Motive. Der erfrischende Spaziergang entlang eines teilweise zugefrorenen Bachlaufes, erhellt durch die schwache Wintersonne. Lassen Sie die auf Sie einwirkenden Inspirationen nicht vorübergehen, greifen Sie diese auf. Und wenn es kein spontanes Umsetzen gibt, sollten Sie – ich wiederhole mich an dieser Stelle – für kommende Maltage Inspirationen zumindest wie ein Archivar festhalten.

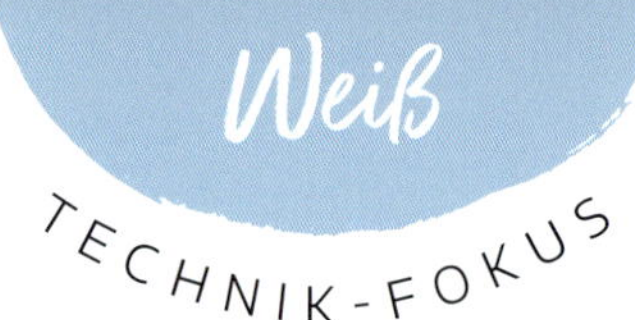

Ein Strauß SCHNEEROSEN

MATERIAL

- **Aquarellpapier**
  Oberfläche satiniert 300 g/qm
- **Aquarellfarben**
  Zitronengelb, Indischgelb, Bergblau, Ultramarin, Olivgrün gelblich, Grünoliv
- **Pinsel**
  Rundpinsel Nr. 20
  Schrägpinsel
  Linierer
- **Sprühflasche**
  mit Wasser

Klar und rein leuchtet das Weiß der Schneerosen.

1. Malen Sie mit dem Linierer und einem wässrigen Bergblau die Umrisse der weißen Blüten. Verstärken Sie diese dann mit Ultramarin, spritzen Sie Zitronengelb in den Hintergrund und besprühen Sie dann alles vorsichtig mit Wasser.

2. Die wässrige Farbe darf auch hier und da in die weißen Schneerosen hineinlaufen. Gut trocknen lassen. Malen Sie mit dem Rundpinsel und Ultramarin kräftig den Hintergrund und sprühen Sie etwas Wasser darauf.

3. Malen Sie mit Olivgrün gelblich Stängel und Blätter zu den Blüten. Mischen Sie Grünoliv mit etwas Ultramarin und schattieren Sie damit die hellgrünen Stellen. Ziehen Sie mit dem Linierer einige grüne und blaue Gräser durch das Bild.

4. Deuten Sie zuletzt mit Indischgelb die Staubgefäße in den Schneerosen an.

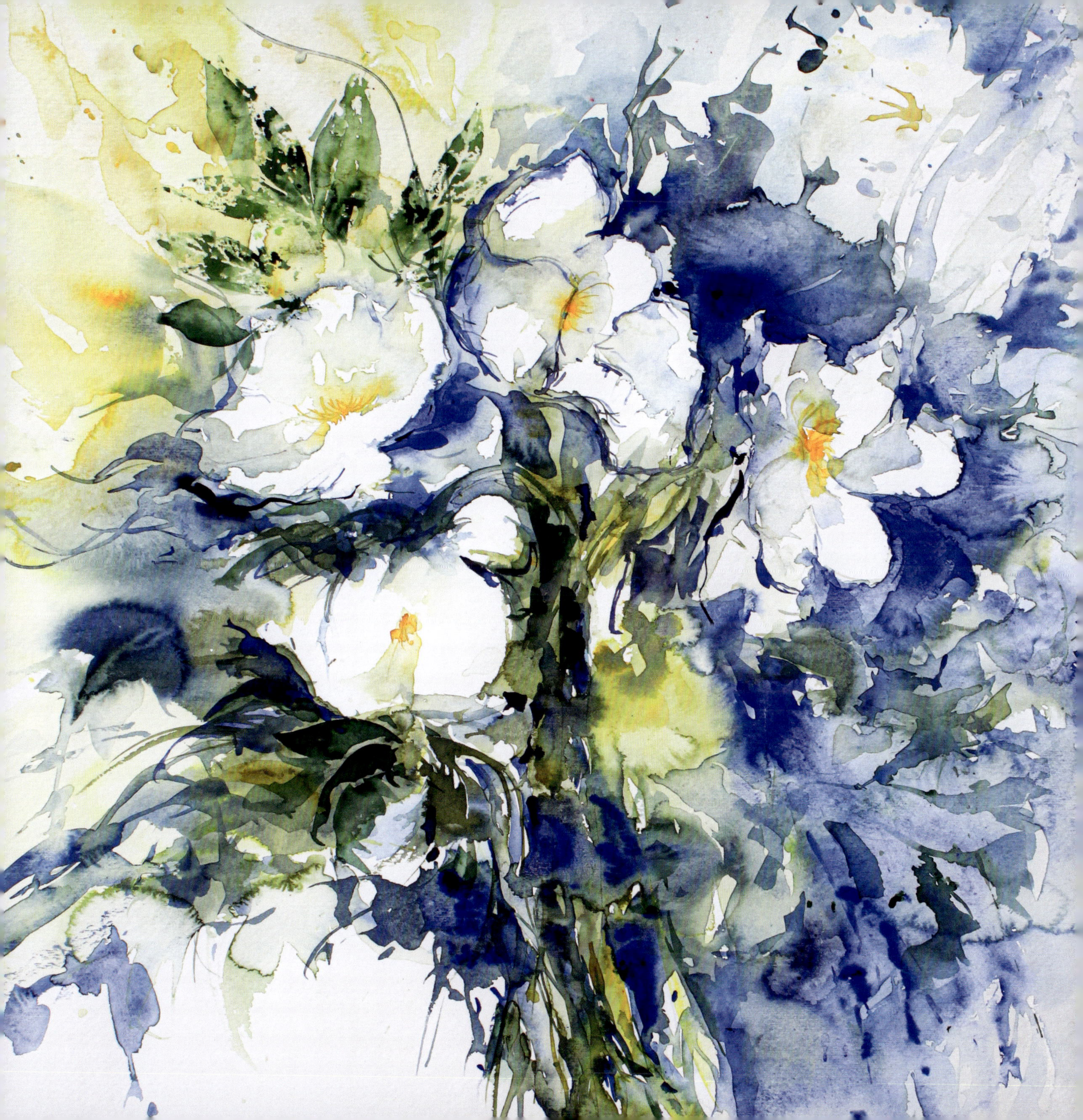

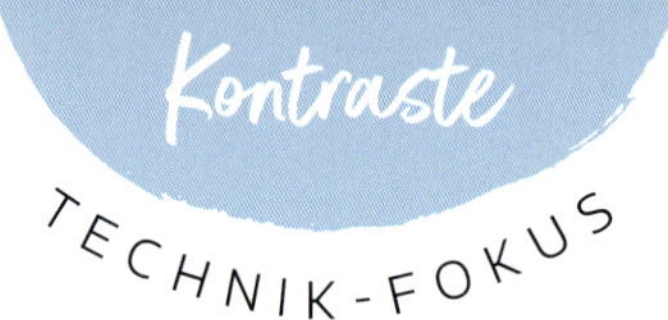

WINTER am See

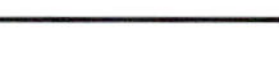

MATERIAL

- **Aquarellpapier**
  Oberfläche satiniert 300 g/qm
- **Aquarellfarben**
  Zitronengelb, Reingelb, Bergblau, Ultramarin, Indigo, Ocker, Vandyckbraun, Lasurbraun, Deckweiß
- **Pinsel**
  Rundpinsel Nr. 20
  Schrägpinsel
  Linierer
  grober Borstenpinsel
- **Sprühflasche**
  mit Wasser

Eis umtanzt die winterliche Landschaft, ein Moment der Stille, um innezuhalten.

1 Malen Sie mit dem Schrägpinsel und Ocker die Baumstämme und Äste. Malen Sie mit Bergblau die beiden Häuser und lassen Sie die Dächer weiß.

2 Spritzen Sie mit dem Rundpinsel Zitronengelb und Bergblau für den Hintergrund.

3 Verstärken Sie die Bäume abwechselnd mit Vandyckbraun und Ultramarin. Sprühen Sie Wasser darüber, damit sich die Farben etwas vermischen. Kurz trocknen lassen. Spritzen Sie Reingelb in die hellgelben Flächen.

4 Schattieren Sie die Häuser mit Indigo und formen Sie mit Ultramarin Tannenbäume. Malen Sie den See mit Bergblau, die Begrenzungen schattieren Sie mit Vandyckbraun und stellenweise mit Lasurbraun.

5 Malen Sie mit Indigo, Lasurbraun und Ultramarin Schatten in den See. Verstärken Sie die Abstände zwischen den Bäumen mit Ultramarin.

6 Mischen Sie Deckweiß mit Wasser zu einem dickflüssigen Brei und spritzen Sie mit dem Borstenpinsel den Schnee in die Bäume. Ist eine Stelle zu dunkel geworden, tragen Sie das Deckweiß flächig auf. Ziehen Sie mit dem Linierer und Vandyckbraun Äste durch die noch nassen weißen Spritzer.

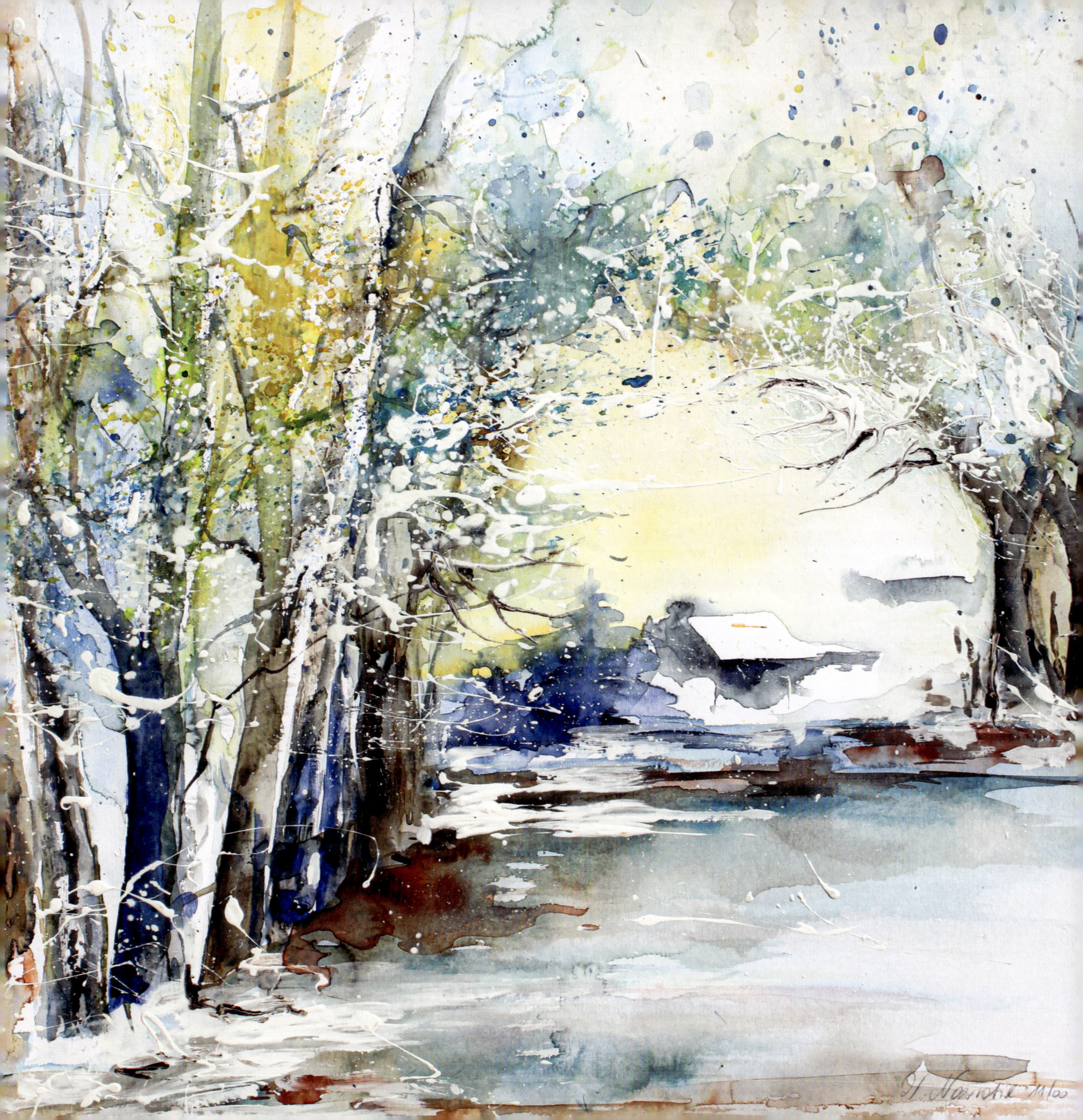

Rosarote AMARYLLIS

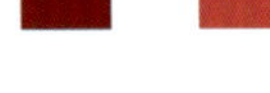

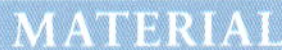

MATERIAL

- **Aquarellpapier**
  Oberfläche Feinkorn 300 g/qm
- **Aquarellfarben**
  Zitronengelb, Lasurorange, Krapplack rosa, Krapplack dunkel, Olivgrün gelblich, Grünoliv, Ultramarin
- **Pinsel**
  Rundpinsel Nr. 20
  Schrägpinsel
  Linierer
- **Sprühflasche**
  mit Wasser

Riesige rosa Blüten wärmen die Wintertage, bringen Farben in das ewige Weiß des Winters.

1. Malen Sie mit dem Schrägpinsel und Krapplack rosa die Blüten der Amaryllis. Spritzen Sie Zitronengelb in den Hintergrund und besprühen Sie alles mit feinem Wassernebel.

2. Kurz trocknen lassen. Malen Sie mit dem Schrägpinsel und Olivgrün gelblich den Stängel und einige Blätter.

3. Formen Sie nochmals mit Krapplack rosa die Blüten. Kurz trocknen lassen. Mit Krapplack dunkel verstärken Sie die Mitte der Amaryllis.

4. Ziehen Sie mit dem Linierer und Lasurorange und Zitronengelb die langen Staubgefäße der Blüte.

5. Malen Sie mit dem Schrägpinsel und Grünoliv dunklere Stellen in den Stängel und die Blätter.

6. Spritzen Sie als Kontrast noch hier und da etwas Ultramarin und sprühen Sie zuletzt etwas Wasser darauf.

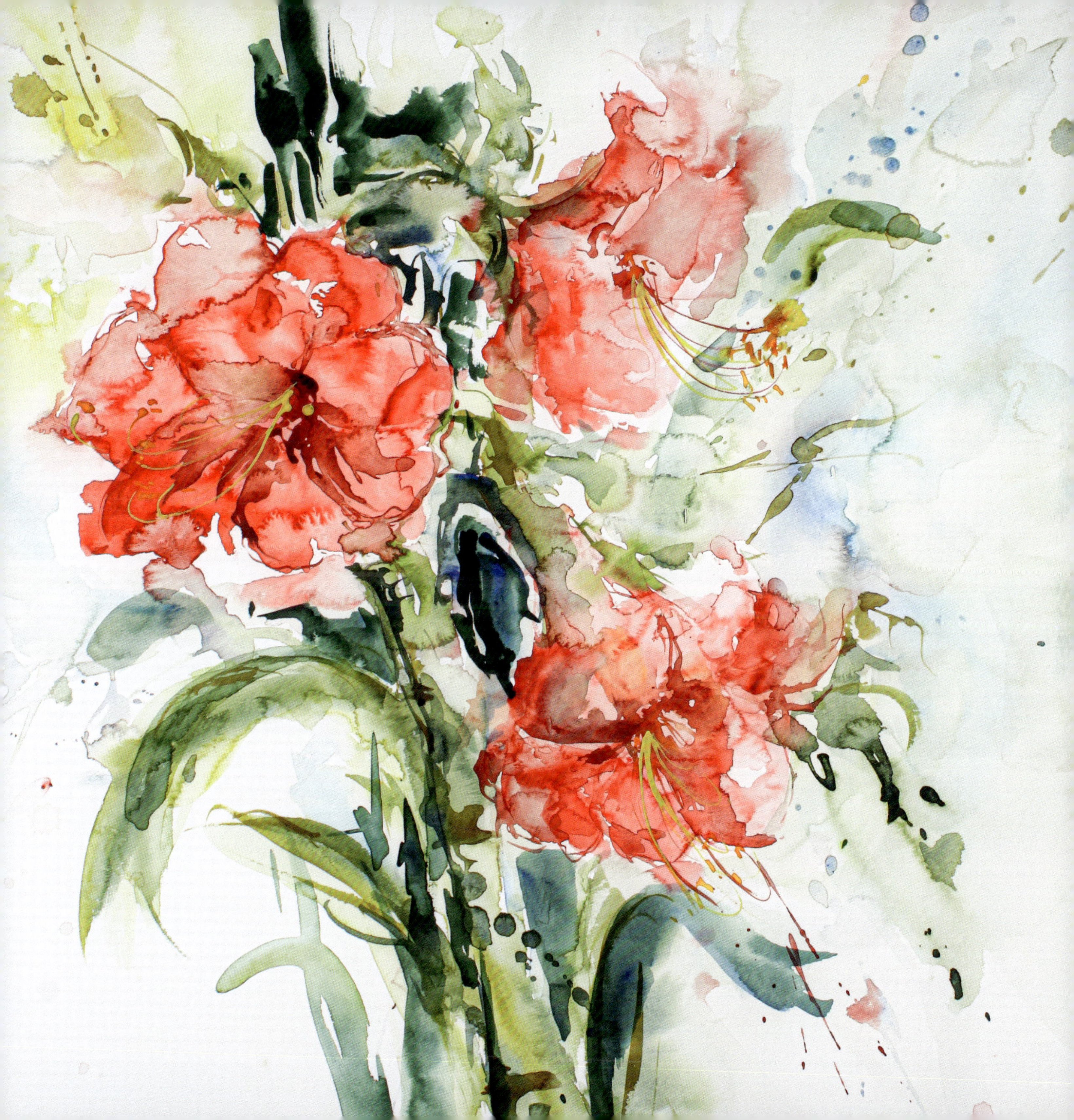

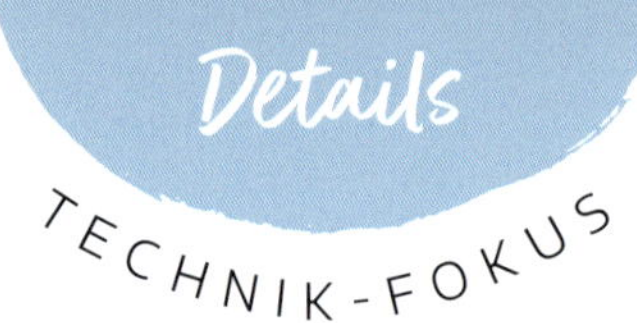

Baum im SCHNEESTURM

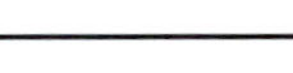

MATERIAL

- **Aquarellpapier**
  Oberfläche Feinkorn 300 g/qm
- **Aquarellfarben**
  Jaune brillant, Indischgelb, Lasurorange, Ocker, Bergblau, Ultramarin, Vandyckbraun, Deckweiß
- **Pinsel**
  Rundpinsel Nr. 20
  Schrägpinsel
  Linierer
  grober Borstenpinsel
- **Sprühflasche**
  mit Wasser

Ein Schneesturm bringt einen Hauch von verzaubertem Winterwald in die Landschaft.

1 Malen Sie mit dem Schrägpinsel und Ocker den Baumstamm und die Äste. Spritzen Sie mit dem Rundpinsel stellenweise Bergblau und Jaune brillant in den Hintergrund. Sprühen Sie etwas Wasser darauf. Lassen Sie jedoch eine Stelle für die untergehende Sonne weiß.

2 Verstärken Sie den Baumstamm und die Äste mit Vandyckbraun. Sprühen Sie auch diese ein wenig mit Wasser an, damit die Farbe etwas in den Hintergrund fließen kann. Nach dem Trocknen malen Sie in die weiß gehaltene Stelle die Sonne mit Indischgelb, die dunklere Stelle malen Sie hingegen mit Lasurorange.

3 Verstärken Sie den Baumstamm nochmals mit Vandyckbraun und malen Sie einige dunklere Stellen mit Ultramarin. Mischen Sie Deckweiß mit Wasser zu einem dickeren Brei und spritzen Sie mit dem Borstenpinsel das Schneegestöber in das Bild.

4 Ziehen Sie mit dem Linierer und Vandyckbraun noch einige Ästchen durch die nassen weißen Stellen.

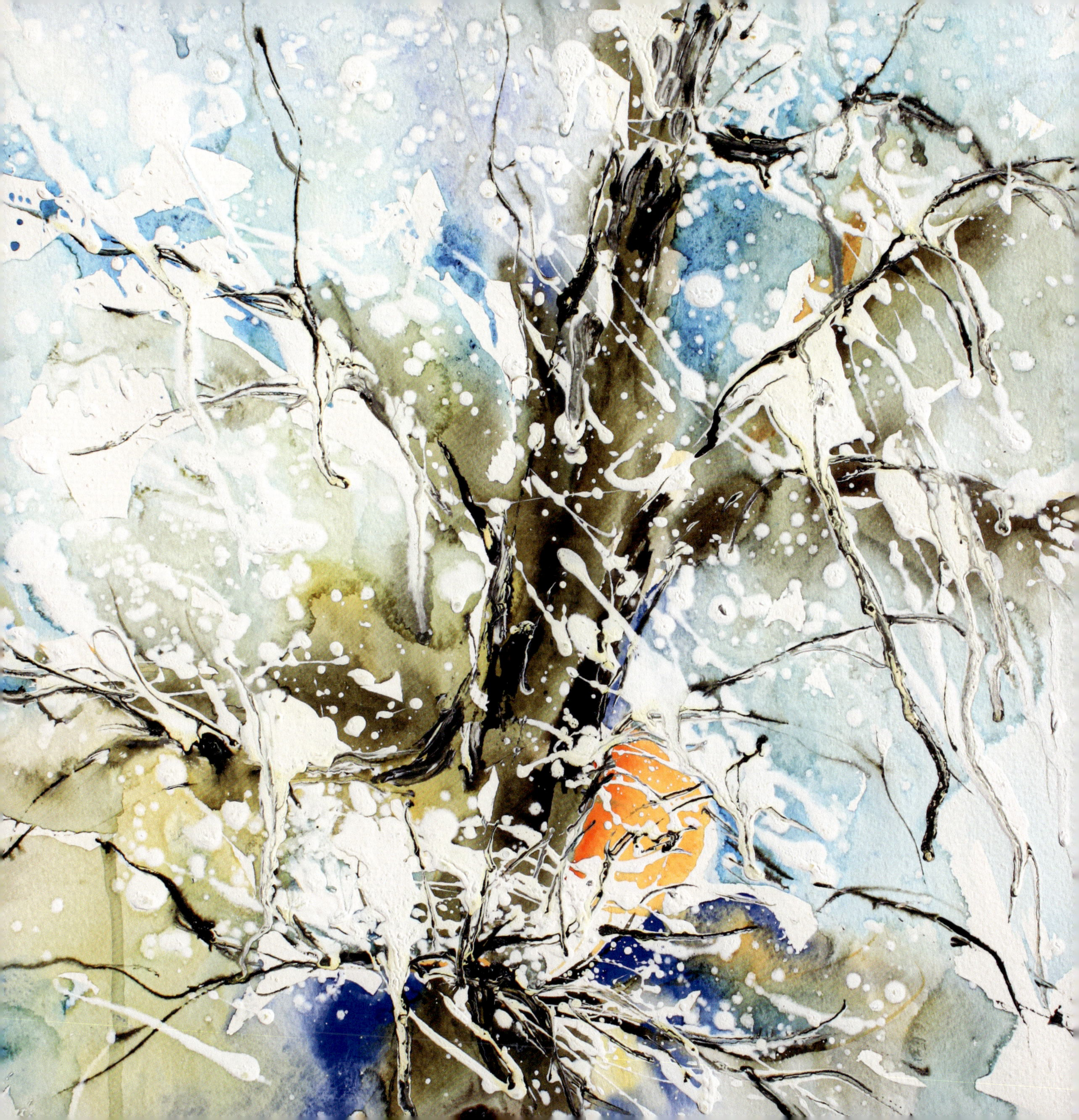

Weiße Blüten IM WINTER

MATERIAL

- **Aquarellpapier**
  Oberfläche Feinkorn 300 g/qm
- **Aquarellfarben**
  Zitronengelb, Indischgelb, Maigrün, Grünoliv, Bergblau, Ultramarin, Lasurbraun
- **Pinsel**
  Rundpinsel Nr. 20
  Linierer
- **Sprühflasche**
  mit Wasser

Zarte Christrosen bezaubern durch ihre Anmut und schmücken die Vase am Tisch.

1 Deuten Sie mit dem Rundpinsel und Ultramarin eine runde Vase an. Ziehen Sie diese Farbe auch in die Vase.

2 Malen Sie mit dem Linierer und einem wässrigen Bergblau die erste weiße Blüte und hinterlegen Sie diese sofort entweder mit Ultramarin oder Zitronengelb und sprühen Sie vorsichtig Wasser darüber, sodass keine harten Linien zu sehen sind. So verfahren Sie Schritt für Schritt mit den weiteren Blüten.

3 Betonen Sie die Mitte der Blüten mit Rein- und Indischgelb und malen Sie mit dem Linierer anschließend einige Staubgefäße mit Lasurbraun.

4 Malen Sie den Hintergrund der Blüten teilweise mit Maigrün und Grünoliv. Verstärken Sie die blauen Stellen mit Ultramarin. Verteilen Sie mit dem Rundpinsel und Olivgrün einige grobe Spritzer auf die grünen Flächen und sprühen Sie dann leicht Wasser darüber.

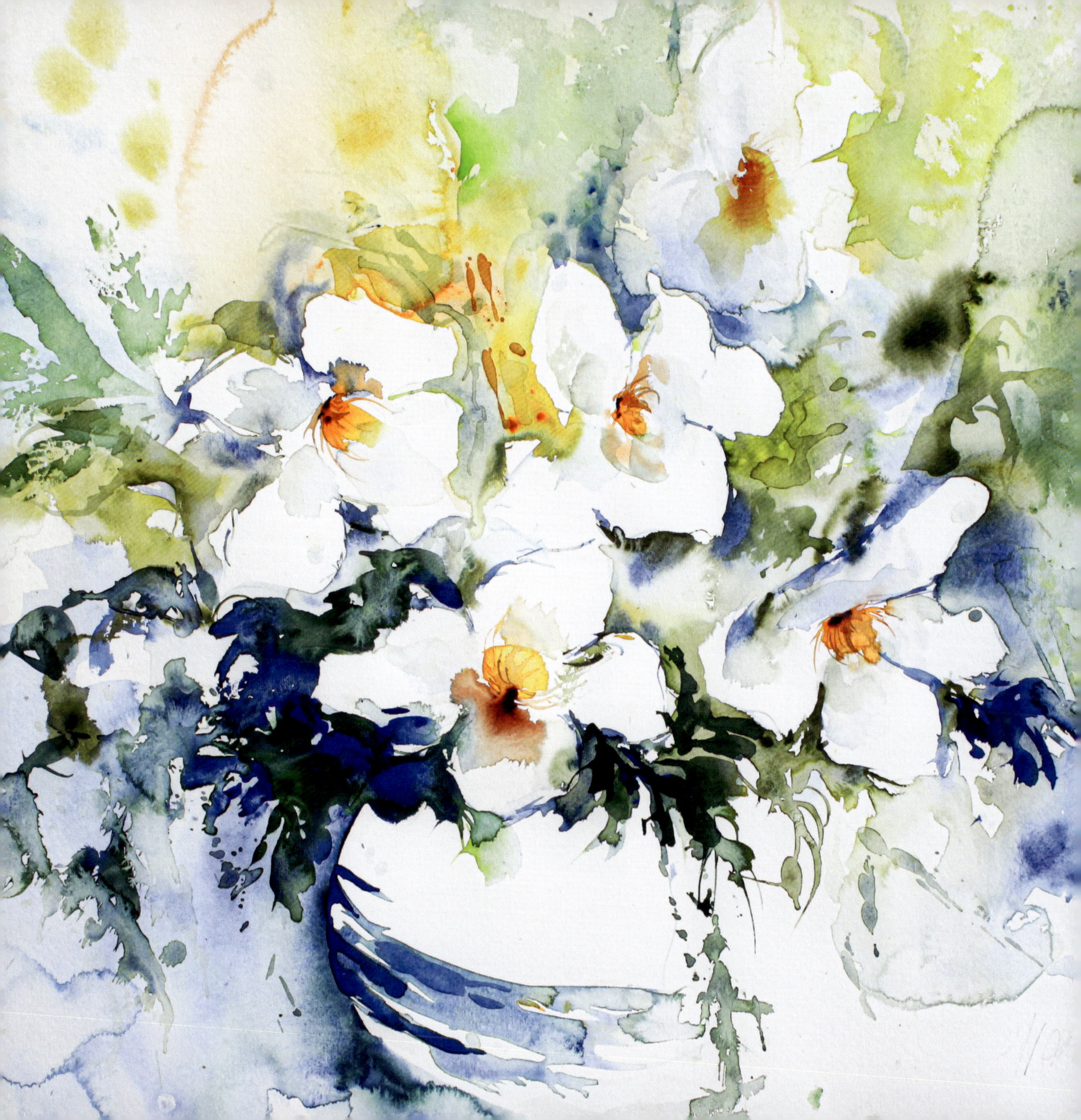

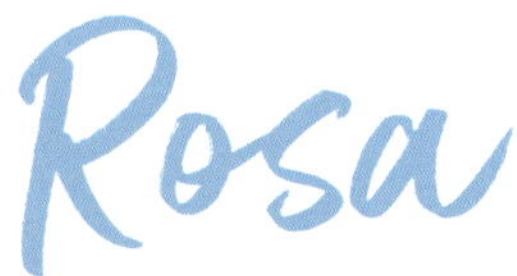

WEIHNACHTSSTERN

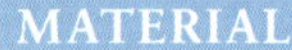

MATERIAL

- **Aquarellpapier**
  Oberfläche satiniert 300 g/qm
- **Aquarellfarben**
  Zitronengelb, Maigrün, Grünoliv, Ultramarin, Weiß, Reingelb, Lasurorange, Krapplack rosa
- **Pinsel**
  Rundpinsel
  Schrägpinsel
- **Blätter**
  vom Weihnachtsstern
- **Sprühflasche**
  mit Wasser

Ein zarter Farbakzent in Sternenform für die dunkleren Tage.

1 Bemalen Sie ein Blatt des Weihnachtssterns mit Maigrün und Grünoliv und drücken Sie es kurz auf das Papier. Nehmen Sie es wieder herunter, bemalen das Blatt wieder mit dieser Mischung und drücken Sie es neben den ersten Abdruck. So fahren Sie fort, bis Sie das Motiv schräg angelegt haben.

2 Wenn Sie Grünoliv mit Ultramarin, Zitronengelb oder Maigrün mischen, erhalten Sie unterschiedliche Grüntöne. Zwischendurch bemalen Sie ein Blatt auch mit Krapplack rosa.

3 Besprühen Sie die ganze Fläche leicht mit Wasser, damit die Blätter nicht zu hart stehen bleiben und sich da und dort weich miteinander verbinden.

4 Gut trocknen lassen. Nun bestreichen Sie einige Blätter mit Weiß und legen Sie diese sternförmig auf die grünen und rosaroten Flächen. Setzen Sie in die Mitte des Weihnachtssterns mit dem Flachpinsel einige Tupfer in Reingelb und Lasurorange.

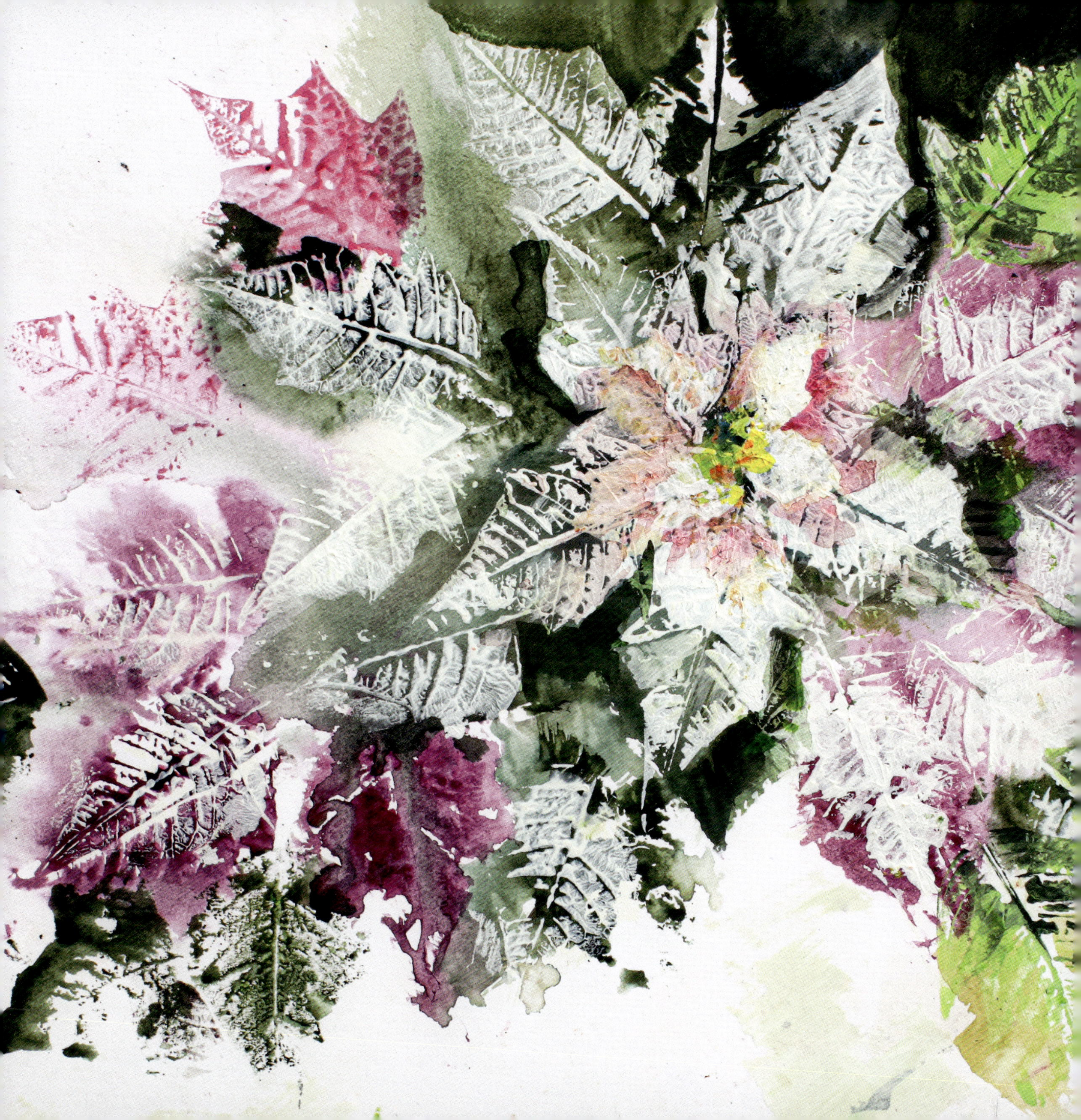

Galerie und Schlusswort

Die für die einzelnen Jahreszciten aufgezählten Varianten an Inspirationen will ich mit einigen Bildern ergänzen und verstärken. Lesen, betrachten, inspirieren lassen, selbst ausprobieren und zu einer persönlichen Vollendung gelangen, das möge das erste Ziel im Rahmen der ausgeübten bildnerischen Künste sein.

Erlauben Sie sich, sich zu trauen, mit der Wasserflasche großzügig umzugehen, sowohl das Papier, als auch die Farben lassen Ihnen Spielraum, das möglicherweise „verronnene" Bild in ein Kunstwerk zu verwandeln.

Beachten Sie bei der Aquarellmalerei, dass Sie mit sanften, hellen Farben beginnen und den Farbverlauf sich seinen Weg bahnen lassen. Nach etwas Trockenzeit entstehen sodann Konturen von Blüten oder Bäumen, welche zum Abschluss mit kräftigeren Farbakzenten wie Gräsern oder Farbtupfen unterstrichen werden können.

Kombinieren Sie unterschiedliche Blumen mit Bäumen oder anderen Blüten, betrachten Sie hierfür die Natur, welche Ihnen die beste Bühne als Vorlage bietet.

Das Streben nach Anerkennung bis hin zum Ergebnis, dass Dritte Freude an Ihren Leistungen zum Ausdruck bringen, kann ein weiteres Ziel sein. Mit der Freude über die Anerkennung werden sich weitere Erfolge einstellen, auch dadurch erhalten Sie Inspiration für Zukünftiges.

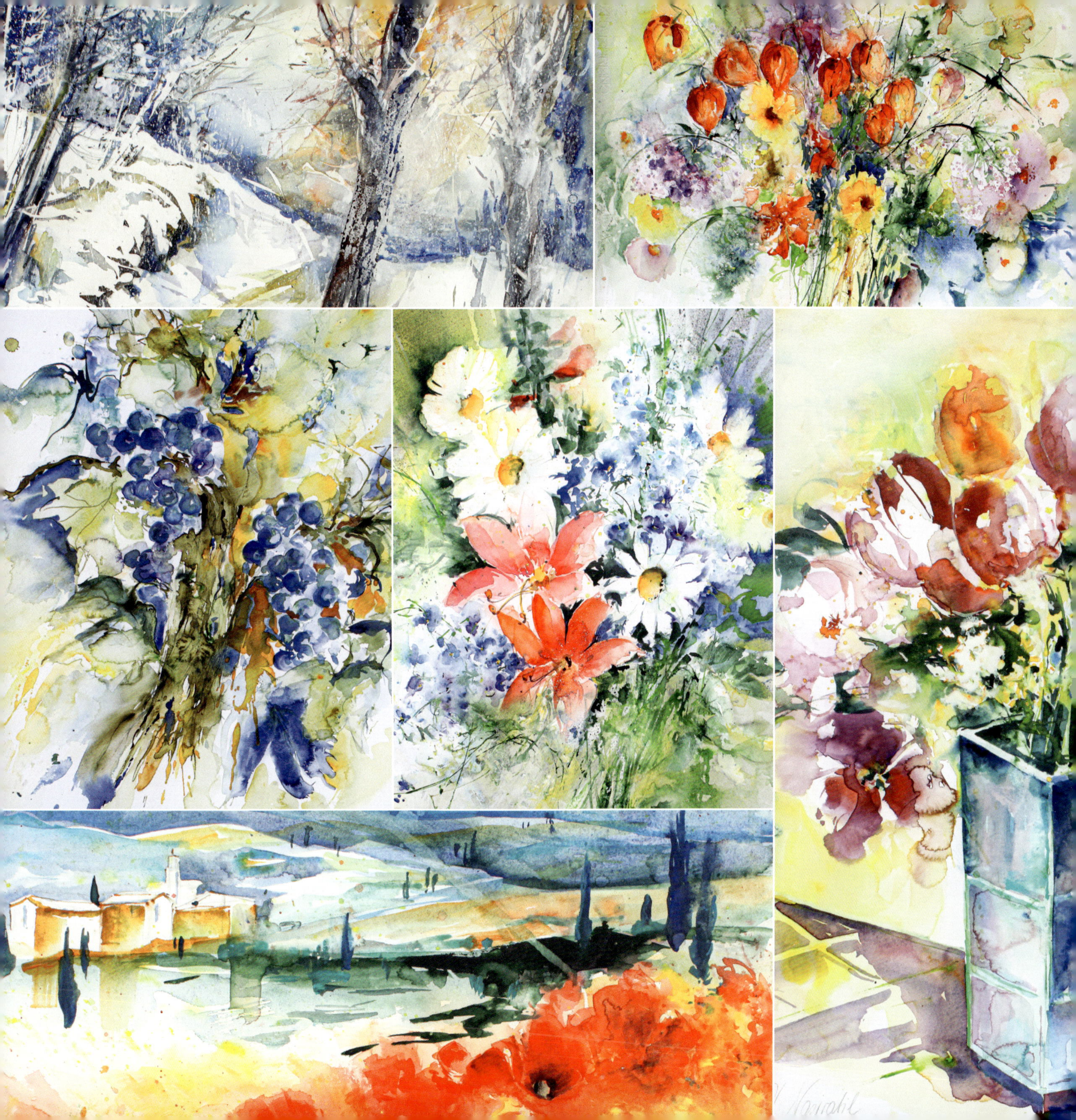

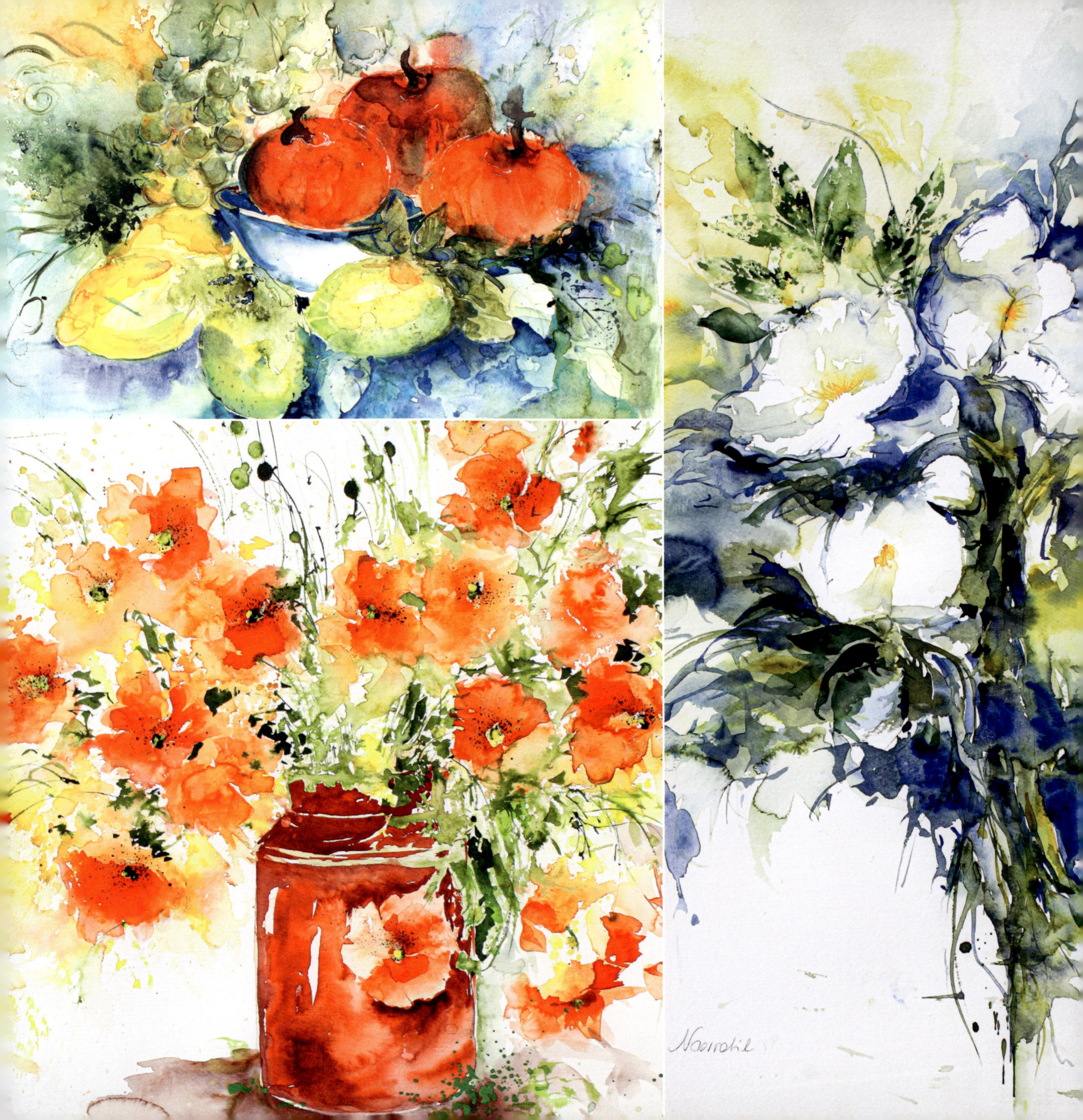

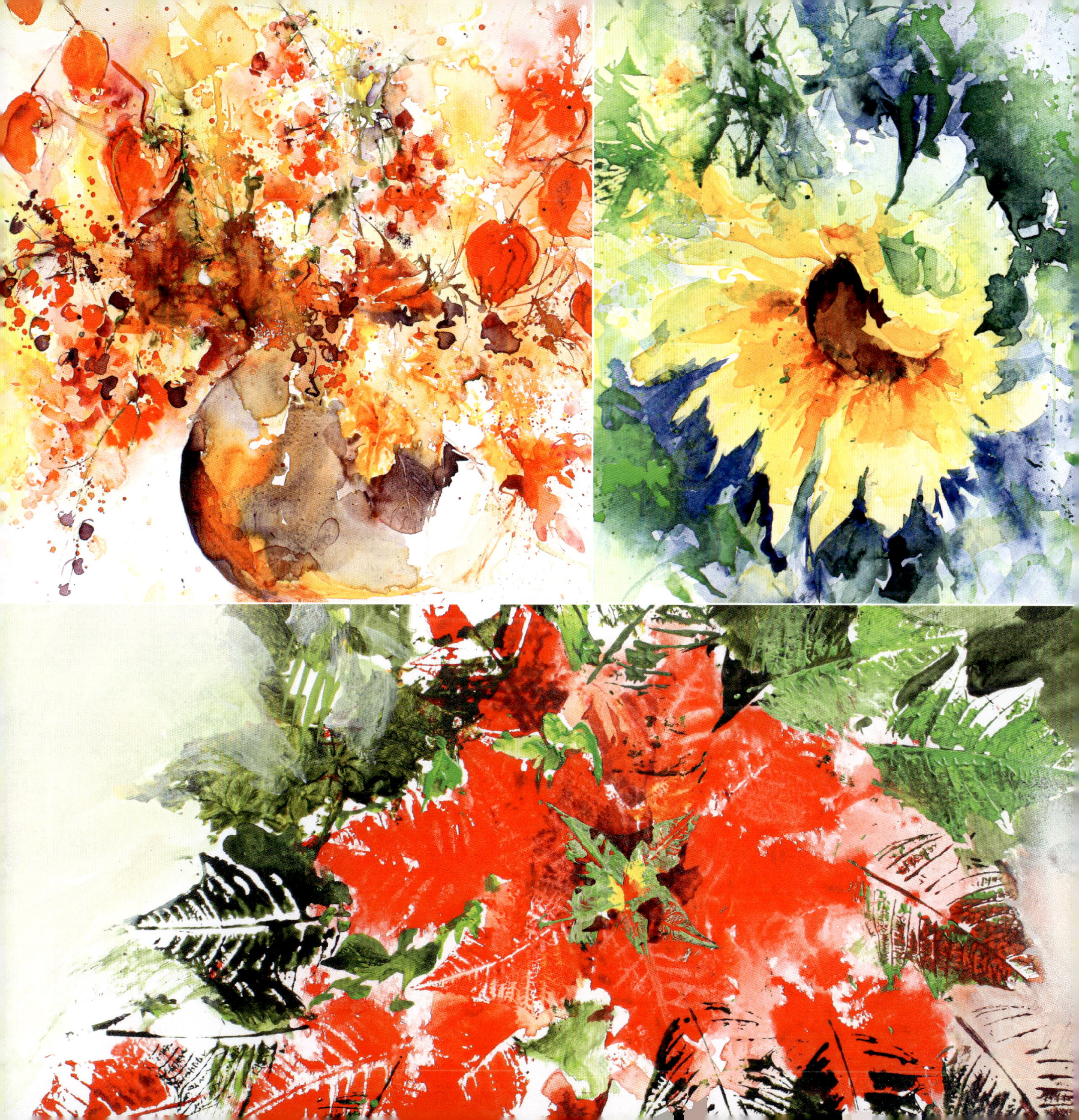

Über die Autorin

Waltraud Nawratil wurde 1947 in der Steiermark geboren und ist seit den 1980er-Jahren mit ihrer Familie – ihrem Mann und ihren Kindern – in Schönering, Oberösterreich, zu Hause. Ihr Garten dient als unerschöpfliche Inspirationsquelle für ihre Malerei, und von ihrem kleinen Malzimmer aus blickt sie durch das Fenster direkt in die Natur.

Angefangen hat Waltraud Nawratils Malerei 1995 in einer ortsnahen Volksschule, wo sie auf der Suche nach neuen Herausforderungen einen Aquarellmalkurs besuchte. Aufgrund der kräftigen Farben und Intensitäten beschäftigte sie sich überwiegend mit Blumenmotiven, jedoch folgten schon bald Motive aus der ganzen Palette der Natur, wie Baumalleen, Blumenlandschaften und Blüten.

Im Laufe der Zeit besuchte sie weitere Malkurse, um ihre Technik zu vertiefen und mit verschiedenen Medien und Materialien zu experimentieren. Es stellte sich heraus, dass auch die Acrylmalerei besonders interessant für Waltraud Nawratil ist, dass diese Technik die Möglichkeit bietet, mehrere Schichten auf das Bild aufzutragen und mit echten Naturmaterialien, wie Sand oder Blättern, eine lebendige Struktur entstehen zu lassen.

Eine ihrer „Lehrerinnen“ war und ist bis heute Frau Inge Peischl. Sie hat sie stets auf ihrem Weg begleitet und ihr die Freude an der Malerei gezeigt. Dieses Gefühl möchte Waltraud Nawratil in ihren Bildern widerspiegeln und auch im Betrachter auslösen. Eine ihrer Töchter hat dies mit den Worten ausgedrückt: „Mama, wenn ich deine Bilder ansehe, wird mir ganz fröhlich.“

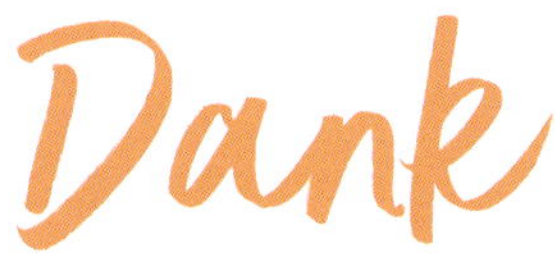

Dank

Die Freude, die wunderschön vielfältige Natur in kräftigen Farben und verschiedenen Techniken festzuhalten und diese Begeisterung weitergeben zu können, ist mir das Wichtigste an meiner Malerei.

Daher möchte ich Ihnen als Leserinnen und Leser meiner Bücher danken, sowie denjenigen Interessenten, die sich durch meine Werke inspiriert fühlen und sich der Malkunst widmen.

Der Edition Michael Fischer und ihren Mitarbeiterinnen und Mitarbeitern spreche ich meinen Dank aus für ein harmonisches Zusammenarbeiten beim gemeinsamen Konzipieren, Umsetzen und Drucken meiner Fachbücher.

Und allen voran danke ich meiner Familie, die mir in jedem Moment meines Schaffens Verständnis, Unterstützung und Zuversicht schenkt.

Impressum

Bibliografische Information der Deutschen Bibliothek.

Die Deutsche Bibliothek verzeichnet diese Publikation in der Deutschen Nationalbibliografie.

Detaillierte bibliografische Daten sind im Internet über http://www.dnb.de/ abrufbar.

EIN BUCH DER EDITION MICHAEL FISCHER

1. Auflage 2022

Covergestaltung: Sonja Bauernfeind

Redaktion und Lektorat: Dr. Franziska Klorer

Layout und Satz: Sonja Bauernfeind

Bildnachweis: Tape (S. 11) © PhotoSGH/shutterstock

ISBN 978-3-7459-0910-4

Gedruckt bei Polygraf Print, Čapajevova 44,
08001 Prešov, Slowakei

www.emf-verlag.de